CONTEÚDO DIGITAL PARA ALUNOS
Cadastre-se e transforme seus estudos em uma experiência única de aprendizado:

1. Entre na página de cadastro:
https://sistemas.editoradobrasil.com.br/cadastro

2. Além dos seus dados pessoais e dos dados de sua escola, adicione ao cadastro o código do aluno, que garantirá a exclusividade do seu ingresso à plataforma.

1943156A1622775

3. Depois, acesse:
https://leb.editoradobrasil.com.br/
e navegue pelos conteúdos digitais de sua coleção :D

Lembre-se de que esse código, pessoal e intransferível, é valido por um ano. Guarde-o com cuidado, pois é a única maneira de você acessar os conteúdos da plataforma.

Editora do Brasil

BRINCANDO COM AS PALAVRAS

ORGANIZADORA: EDITORA DO BRASIL

ENSINO
FUNDAMENTAL

5ª EDIÇÃO
SÃO PAULO, 2020

Dados Internacionais de Catalogação na Publicação (CIP)
(Câmara Brasileira do Livro, SP, Brasil)

Brincando com as palavras, 2 : ensino fundamental / organizadora Editora do Brasil. -- 5. ed. -- São Paulo : Editora do Brasil, 2020. -- (Brincando com)

ISBN 978-85-10-08302-7 (aluno)
ISBN 978-85-10-08303-4 (professor)

1. Língua portuguesa (Ensino fundamental)
I. Série.

20-37587 CDD-372.6

Índices para catálogo sistemático:
1. Língua portuguesa : Ensino fundamental 372.6
Cibele Maria Dias - Bibliotecária - CRB-8/9427

© Editora do Brasil S.A., 2020
Todos os direitos reservados

Direção-geral: Vicente Tortamano Avanso

Direção editorial: Felipe Ramos Poletti
Gerência editorial: Erika Caldin
Supervisão de arte: Andrea Melo
Supervisão de editoração: Abdonildo José de Lima Santos
Supervisão de revisão: Dora Helena Feres
Supervisão de iconografia: Léo Burgos
Supervisão de digital: Ethel Shuña Queiroz
Supervisão de controle de processos editoriais: Roseli Said
Supervisão de direitos autorais: Marilisa Bertolone Mendes

Supervisão editorial: Selma Corrêa
Edição: Camila Gutierrez e Simone D'Alevedo
Assistência editorial: Gabriel Madeira, Júlia Nejelschi e Márcia Pessoa
Auxílio editorial: Laura Camanho
Apoio editorial: Priscila Ramos de Azevedo
Copidesque: Giselia Costa, Ricardo Liberal e Sylmara Beletti
Revisão: Amanda Cabral, Andréia Andrade, Fernanda Almeida, Fernanda Sanchez, Flávia Gonçalves, Gabriel Ornelas, Jonathan Busato, Mariana Paixão, Martin Gonçalves e Rosani Andreani
Pesquisa iconográfica: Priscila Ferraz e Lucas Alves
Assistência de arte: Daniel Campos Souza
Design gráfico: Cris Viana
Capa: Megalo Design
Edição de arte: Samira de Souza
Imagem de capa: Elvis Calhau
Ilustrações: Anderson Cássio, Artur Fujita, Avalone, Bruna Ishihara, Caco Bressane, Camila Hortencio, Claudia Marianno, Claudia Valente, Desenhorama, DKO Estúdio, Edson Farias, Eduardo Belmiro, Erik Malagrino, Estúdio Mil, Fabiana Salomão, Laerte Silvino, Larissa Melo, Marco Cortez, Marcos de Mello, Marcos Machado, Marlon Tenório, Paula Kranz, Paulo Nunes Marques e Susan Morisse
Produção cartográfica: DAE (Departamento de Arte e Editoração).
Editoração eletrônica: Bruna Souza, Marcos Gubiotti, Ricardo Brito e Viviane Ayume
Licenciamentos de textos: Cinthya Utiyama, Jennifer Xavier, Paula Harue Tozaki e Renata Garbellini
Controle de processos editoriais: Bruna Alves, Carlos Nunes, Rita Poliane, Terezinha de Fátima Oliveira e Valéria Alves

5ª edição / 5ª impressão, 2024
Impresso no parque gráfico da PifferPrint

Avenida das Nações Unidas, 12901
Torre Oeste, 20º andar
São Paulo, SP – CEP: 04578-910
Fone: +55 11 3226-0211
www.editoradobrasil.com.br

APRESENTAÇÃO

Querido aluno,

Este livro foi escrito especialmente para você, pensando em seu aprendizado e nas muitas conquistas que virão em seu futuro!

Ele será um grande apoio na busca do conhecimento. Utilize-o para aprender cada vez mais na companhia de professores, colegas e de outras pessoas de sua convivência.

Brincadeiras, poemas, contos, atividades divertidas e muitos assuntos interessantes foram selecionados para você aproveitar seu aprendizado e escrever a própria história!

Com carinho,
Editora do Brasil

SUMÁRIO

VAMOS BRINCAR 6

Unidade 1 10
Texto 1 – "Bater figurinha", de Flávio Colombini 10
Texto 2 – "Jogo do bafo", autoral 14
Gramática – Letra inicial maiúscula ou minúscula 17

Unidade 2 20
Texto 1 – "Descobertas da Nina", de Ziraldo 20
Texto 2 – "O menino que lia até o fim", de Marina Pechlivanis 23
Gramática – Encontro vocálico 26

Unidade 3 29
Texto 1 – "Cuiabá, 7 de abril", autoral 29
Gramática – Encontro consonantal 31
Texto 2 – "Oi, Dudu!", autoral 34
Gramática – Frase 36
Gramática – Frase afirmativa e frase negativa 40
Gramática – Frase interrogativa e frase exclamativa 40
Pequeno cidadão – Ícones 44

Unidade 4 45
Texto 1 – "O tamanho do A", de Sérgio Capparelli 45
Gramática – Sílaba tônica 48
Texto 2 – "Comedor de formigas", *Ciência Hoje das Crianças* 50

Unidade 5 57
Texto 1 – "Bom dia, todas as cores!", de Ruth Rocha 57
Ortografia – Palavras com **s** ou **ss** 60
Ortografia – Cedilha 61

Texto 2 – "Troca-troca de cores", *Ciência Hoje das Crianças* 63
Ortografia – Letras **c** e **ç** 66
Gramática – Substantivo comum e substantivo próprio 67

Unidade 6 74
Texto 1 – "João e o pé de feijão", de Telma Guimarães 74
Oralidade – Contar o fim de uma história 77
Ortografia – Sílabas **ge**, **gi**, **je**, **ji** 79
Gramática – Substantivo: aumentativo 81
Texto 2 – "Por que as sementes germinam?", de Amy Shields 84
Ortografia – Letras **lh** 86
Ortografia – Letra **m** antes de **b** e **p** ... 88

Unidade 7 94
Texto 1 – "Tirinha Bidu", de Mauricio de Sousa 94
Ortografia – Letras **g** e **j** 97
Gramática – Til 99
Texto 2 – "O biscoito mágico", de Monica Alves 103

Unidade 8 112
Texto 1 – "A cigarra e a formiga", fábula recontada pela autora 112
Ortografia – Letras **nh** 115
Gramática – Substantivo: diminutivo ... 117
Texto 2 – "A raposa e o tatu", de Rogério Andrade Barbosa 121
Oralidade – Reconto de fábula 124
Ortografia – Letras **as**, **es**, **is**, **os**, **us** ... 125
Pequeno cidadão – De onde vem a energia para funcionar? 126

Unidade 9 128
Texto 1 – "Anselmo, a pipa e o balão", de Alessandra Tozi 128
Texto 2 – "Cuidados ao soltar pipas", *Leia Notícias* 134
Ortografia – Letras **ch** 136
Gramática – Substantivo: masculino e feminino 138

Unidade 10 143
Texto 1 – "Jeito de ser", de Nye Ribeiro 143
Gramática – Substantivo: singular e plural 146
Texto 2 – "Tirinha do Armandinho", de Alexandre Beck 150
Ortografia – Palavras com **gu** e **qu** ... 152
Gramática – Acentuação: acento agudo 154
Pequeno cidadão – Internet 157

Unidade 11 160
Texto 1 – "Máquina de costura", de Roseana Murray 160
Gramática – Acentuação: acento circunflexo 165
Texto 2 – "Máquinas do tempo", de Cassiana Pizaia, Rima Awada e Rosi Vilas Boas 169
Ortografia – Letra **h** inicial 172

Unidade 12 176
Texto 1 – "Por que a zebra é toda listrada", de Rogério Andrade Barbosa 176
Gramática – Adjetivo 181
Texto 2 – "Quem pegou minhas pintas?", de Telma Guimarães Castro Andrade 184

Unidade 13 190
Texto 1 – "O bom dinossauro", Disney 190
Gramática – Ponto final 194
Texto 2 – "Na época dos dinossauros", *Jornal Joca* 196
Gramática – Ponto de interrogação ... 202

Unidade 14 205
Texto 1 – "E a história começa debaixo das telhas", de Marina Colasanti 205
Gramática – Ponto de exclamação 209
Texto 2 – "Nimbus e o beiia-flor", de Mauricio de Sousa 211

Unidade 15 220
Texto 1 – "Carta às meninas e aos meninos em tempos de covid-19", Fórum Mineiro de Educação Infantil 220
Gramática – Antônimo 225
Texto 2 – "Crianças dão apoio a idosos com cartas, desenhos e telefonemas", de Michele Oliveira 227
Ortografia – Letra **x** 229

Unidade 16 233
Texto 1 – "O patinho que não aprendeu a voar", de Rubem Alves 233
Gramática – Verbo 237
Pequeno cidadão – Leitura em *sites* 241
Oralidade – Contar a continuação de uma história 243
Texto 2 – "Onde está a mamãe?", de Therezinha Casasanta 244
Gramática – Verbo: tempos verbais 247

Encartes 251

Jogo dos antônimos

1 Em dupla, recorte as fichas de antônimos da página ao lado.

2 Siga as orientações:

1. Junte suas fichas às do colega que forma dupla com você.
2. Juntos, embaralhem bem as fichas e coloquem-nas na mesa com a parte escrita virada para baixo.
3. Escolham quem começará o jogo.
4. Cada um deve virar apenas duas fichas e ver se elas são antônimos uma da outra.
5. Se as fichas escolhidas forem um par de antônimos, o jogador guarda as fichas em seu monte. Se elas não forem, ele deve virá-las para baixo e deixar o colega tentar encontrar um par.
6. Continuem assim até que todos os pares sejam encontrados. Ganha o jogo quem encontrar mais pares.

CLARO	CHEIO
ESCURO	VAZIO
PEQUENO	GROSSO
GRANDE	FINO
DURO	FORTE
MOLE	FRACO
SUJO	CERTO
LIMPO	ERRADO
FRIO	FÁCIL
QUENTE	DIFÍCIL

Jogo do mico no palito

1 Siga as orientações do professor para fazer o jogo "mico no palito".

Material:
- palitos de sorvete;
- fita adesiva;
- pedaços de papel (ou papéis autoadesivos);
- lápis;
- tesoura sem ponta.

Como fazer

1. Pense em duas tarefas. A primeira deve ser um desafio, por exemplo: falar cinco palavras com acento circunflexo. A segunda deve ser engraçada, como imitar um animal, saltar com um pé só etc. Escreva as duas tarefas num dos lados do papel (se for papel autoadesivo, no lado sem cola).

2. Dobre o papel ao meio para esconder as frases escritas e cole-o num palito de sorvete com a fita adesiva (se usar papel autoadesivo, fixe a parte adesiva no palito). Dobre-o até esconder as frases. Se necessário, cole um pedaço de fita adesiva para o papel se manter fechado.

3. Por fim, entregue seus palitos ao professor. Ele reunirá todos os palitos da turma em um único recipiente antes de iniciar a brincadeira.

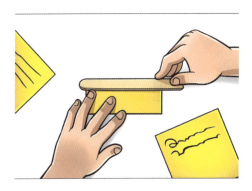

UNIDADE 1

TEXTO 1

Observe a disposição do texto na página. Você sabe que texto é esse?

Acompanhe a leitura do professor. Depois, leia-o com o colega.

Bater figurinha

Estava muito chato
aquele jogo de **bafo**.
A galera **mesquinha**
só punha figurinha
que eu já tinha.

Até que surgiu o Ronaldo,
que decidiu jogar
a figurinha que faltava
pra completar meu álbum.

Eu pus uma figurinha repetida
e comecei a disputar a partida.

GLOSSÁRIO

Bafo: jogo no qual figurinhas são colocadas sobre uma superfície e um jogador tenta desvirá-las com a palma da mão.

Mesquinho: aquele que tem dificuldade para dividir.

Eu batia, ele batia,
mas a figurinha não virava.
Bati com uma mão...
Com as duas mãos...
Mas a danada não virava,
parecia grudada no chão.

Fiz **canoinha**, lambi a mão,
mas a figurinha não virava.
Precisava ganhar, precisava!
Mas o **cromo** levava
todo tipo de tapa
e não virava.

Até que eu me enfezei,
esfreguei as mãos,
me concentrei
e dei um tapão...

A figurinha rodopiou, rodopiou
e, finalmente, ela virou.

Foi assim que eu ganhei
a figurinha que eu tanto sonhei.
Eu ganhei!

Flávio Colombini. *Poemas divertidos*. v. 12. [*S. l.: s. n.*], 2014. Disponível em: https://www.flaviocolombini.com/poemas-divertidos-12. Acesso em: 4 jun. 2020.

GLOSSÁRIO

Canoinha: dobrar a figurinha para virá-la mais facilmente.
Cromo: figurinha.

BRINCANDO COM O TEXTO

1 Qual é o título do poema?

_____

2 Leia o trecho abaixo e faça o que se pede.

Estava muito chato → 1 → verso
aquele jogo de bafo. → 2 → verso
A galera mesquinha → 3 → verso } estrofe
só punha figurinha → 4 → verso
que eu já tinha → 5 → verso

a) Cada linha do poema é chamada de _____.

b) O conjunto de versos é uma _____.

c) A estrofe apresentada tem quantos versos? _____.

> A **rima** é um dos elementos do poema, mas não é obrigatória. São sons semelhantes entre as palavras que geralmente aparecem no final dos versos.
> Por exemplo: mesqu<u>inha</u> – figur<u>inha</u> – t<u>inha</u>.

3 Circule no texto as palavras que rimam e copie-as abaixo.

_____

_____

4 Que outras brincadeiras com figurinhas você conhece? Escreva o nome delas e conte aos colegas.

_____

 **BRINCANDO**

1 Recorte as figurinhas da página 251 e complete o álbum.

Álbum de figurinhas do esporte

Futebol	Judô	Natação
Corrida	Basquete	Ciclismo
Vôlei	Tênis	Golfe

TEXTO 2

Observe a ilustração que acompanha o texto. O que ela mostra? Acompanhe a leitura do professor.

Jogo do bafo

O jogo do bafo é muito comum entre colecionadores de figurinhas. A brincadeira tem esse nome porque é o vento, ou seja, o bafo provocado pelas mãos durante a batida na pilha de figurinhas o que as vira.

Como jogar

O objetivo do jogo é ganhar figurinhas de um determinado álbum, e as regras são bastante simples. Dois ou mais jogadores formam uma roda de modo que todos sentem ao redor das figurinhas disputadas. Cada jogador coloca uma quantidade de figurinhas combinada entre os participantes no centro. A pilha de figurinhas é agrupada e a ordem dos participantes é sorteada. Em seguida, o jogador da vez arruma a pilha, coloca todas as figurinhas viradas de frente e bate com a mão no monte de figurinhas. As que virarem do avesso são recolhidas por ele. O próximo jogador empilha as figurinhas que restaram e bate no monte, pegando as que conseguiu virar. O jogo

continua até que todas as figurinhas acabem, sendo que nenhuma delas pode ser apostada mais de uma vez. Outra regra importante: se as figurinhas colarem na mão do jogador, ele terá que batê-la sozinha fora da pilha.

Observe que não se pode simplesmente virar as figurinhas com os dedos. Os jogadores devem bater nelas com a mão completamente aberta, ou deixando-a em "forma de concha".

No início de cada turno, o jogador pode, proposital ou involuntariamente, deixar as figurinhas levemente curvadas, para facilitar que virem. Por sua vez, qualquer um dos demais jogadores pode "selar" o monte, ou seja, apertá-lo com a mão completamente aberta, deixando-o plano novamente e dificultando que as figurinhas virem.

Escrito especialmente para esta obra.

BRINCANDO COM O TEXTO

Responda oralmente.

1. Qual é o objetivo do **Texto 2**?

2. Por que a brincadeira tem esse nome?

3. Complete com informações do texto.

   Objetivo do jogo: _____

   Número de jogadores: _____

4 Numere as regras da brincadeira na sequência correta.

☐ Recolher as figurinhas que virarem do avesso pelo participante que acabou de bater.

☐ Agrupar o monte de figurinhas e sortear a ordem de ação dos participantes.

☐ Sentar em roda ao redor das figurinhas.

☐ Arrumar o monte colocando todas as figurinhas viradas de frente e bater com a mão no monte de figurinhas.

☐ Arrumar novamente as figurinhas que restaram para outro jogador bater no monte, retirando aquelas que conseguir virar.

☐ Colocar no centro da roda a quantidade de figurinhas combinada entre os jogadores.

☐ Continuar até que todas as figurinhas em jogo sejam viradas do avesso e retiradas do monte.

5 Marque a opção correta.

a) No jogo de bafo:

☐ podemos utilizar os dedos para virar as figurinhas.

☐ devemos bater nas figurinhas com a mão completamente aberta ou levemente em forma de concha.

b) Ao arrumar o monte antes de bater:

☐ o participante pode deixar as figurinhas levemente curvadas.

☐ outro jogador pode selar o monte.

 **GRAMÁTICA**

Letra inicial maiúscula ou minúscula

As palavras podem ser escritas com letra inicial **maiúscula** ou **minúscula**.

Usamos letras **maiúsculas**:
- nos nomes de pessoas – **E**lias, **C**amila;
- nos nomes de animais de estimação – **F**ifi, **M**imi;
- nos nomes de países – **B**rasil, **P**ortugal;
- nos nomes de estados e cidades – **R**io de **J**aneiro, **S**alvador;
- nos nomes de rios – **A**mazonas, **T**ietê;
- no início de frases – **A** garota caminha no parque.

Usamos letras **minúsculas** para escrever nomes de objetos, como **c**adeira, **l**ivro, **c**enoura, **c**arro.

ATIVIDADES

1 Complete a ficha usando letras iniciais maiúsculas quando necessário.

Nome: _____

Endereço: _____

Número: _____ Bairro: _____

Cidade: _____ Estado: _____

Nome da escola: _____

Nome de um amigo: _____

2 Circule as palavras iniciadas em letra maiúscula.

Uma pulga na balança
deu um pulo e foi à França.
Os cavalos a correr,
os meninos a brincar,
vamos ver quem vai pegar!
                Parlenda.

3 Reescreva a parlenda abaixo usando letra inicial maiúscula nas palavras adequadas.

joão corta o pão   _____

maria mexe o angu   _____

teresa põe a mesa   _____

para a festa do tatu.   _____
          Parlenda.

4 Use letras maiúsculas para escrever o que se pede.

a) Nome de duas pessoas de sua família.

_____

_____

b) Nome de um animal de estimação que você tem ou que já teve.

_____

_____

c) Nome de um amigo e de uma amiga.

_____

_____

d) Nome de um livro ou de uma história que você já leu.

_____

BRINCANDO COM A CRIATIVIDADE

Regras de brincadeira

Nesta unidade, você leu como se brinca de bafo.

Agora você vai ensinar aos colegas as regras da sua brincadeira preferida.

Planejar

1. Responda oralmente às questões abaixo:
   - Quantas pessoas podem brincar?
   - Onde se brinca?
   - É necessário algum material para realizar a brincadeira?
   - Qual é o objetivo da brincadeira?
   - Quais são as regras?

Produzir

1. Em uma folha de papel sulfite, desenhe sua brincadeira preferida.
2. No dia combinado com o professor, você vai mostrar seu desenho aos colegas e explicar a eles como se brinca.
3. Lembre-se de contar quantas pessoas podem brincar, onde se brinca, que material é necessário para realizar a brincadeira, qual é o objetivo e quais são as regras.
4. O professor vai gravar as apresentações de cada um.
5. Depois, os vídeos poderão ser vistos por alunos de outras turmas.

Compartilhar

1. Organize com os colegas uma exposição dos desenhos no mural da sala de aula ou da escola, com o título "Brincadeiras preferidas da minha turma".
2. Convidem alunos de outras turmas para assistir aos vídeos produzidos.

UNIDADE 2

TEXTO 1

Observe o texto. Como ele está organizado?

Ziraldo. *Descobertas da Nina*. São Paulo: Editora Globo, 2008. p. 91.

BRINCANDO COM O TEXTO

1 Nina é personagem da *Turma do Menino Maluquinho*. Ligue cada cena à palavra correspondente.

   GANGORRA

   PIJAMA

   CARROSSEL

2 O que o texto apresenta? Marque um **X** na resposta.

☐ O significado real das palavras.

☐ O significado inventado de algumas palavras.

3 Copie do texto o nome de dois brinquedos.

_____

4 O que você achou das definições de palavras dadas por Nina? Você mudaria alguma? Converse com o professor e os colegas sobre isso.

ATIVIDADES

1 Complete as palavras de acordo com as dicas.

a) Vestimos no pé.   ☐ e ☐ a

b) É feita pela aranha.   t e ☐ ☐

c) Móvel sobre o qual comemos.   m e ☐ ☐

d) Usamos para colar.   c ☐ ☐ a

2 Complete o nome das imagens com a sílaba que falta.

a) co_____

b) _____ca

c) _____la

d) bo_____

3 Use as sílabas do quadro abaixo para formar o maior número de palavras que conseguir.

TA BE PE TE TO MA FA CA

_____
_____
_____

 **TEXTO 2**

Leia o título do texto e observe a ilustração. Que informações esse título apresenta sobre a história?

O menino que lia até o fim

Era uma vez Quim, um menino magrinho que tinha uma cabeça bem grande.

Não grande de tamanho, mas de tanta informação que tinha lá dentro. Sabe por quê? Quim tinha uma fome incontrolável de livros. [...]

De tanto ler, Quim foi ficando especialista em livros. [...]

O dicionário, leu inteirinho só para ver quais eram as últimas palavras do autor.

A enciclopédia, para descobrir os assuntos que eram sempre deixados para o fim. Os livros de escola, para saber o que era preciso para passar de ano. Mesmo estando satisfeito de tanto ler, sempre cabia mais um gibizinho ou um livro fininho. Era tanta leitura que aquilo parecia não ter mais fim. [...]

Marina Pechlivanis. *O guardador de palavras.* São Paulo: Saraiva, 2000. p. 5-6.

 **BRINCANDO COM O TEXTO**

1. Qual é o nome do personagem? Como ele era?

2. Por que ele tinha a "cabeça grande"?

3. O que a autora quis dizer com a frase: "Quim tinha uma fome incontrolável de livros"? Converse com os colegas e descubra o significado da palavra "fome" no texto. Depois, registre nas linhas.

4. Que livros e revistas Quim já tinha lido?

5. No texto, o personagem diz que os livros de escola serviam "para saber o que era preciso para passar de ano". Em sua opinião, qual é a função desses livros? Comente com os colegas.

6 Uma mesma palavra pode ter vários significados. O significado depende da frase em que a palavra está e da situação em que é usada. Veja os exemplos a seguir.

Lisandro adora **manga**.

A **manga** do vestido sujou!

- Crie uma frase com um dos significados da palavra **nota**.

_____

_____

7 Há também palavras muito parecidas na escrita, mas que têm significados diferentes. Marque um **X** na opção que completa corretamente a frase e, depois, copie-a.

a) Nosso cão abana a _____ quando chegamos em casa.

☐ cauda   ☐ calda

b) Ela só toma sorvete com _____ de caramelo.

☐ cauda   ☐ calda

c) Foram ao teatro assistir ao _____ musical.

☐ conserto   ☐ concerto

d) O _____ do carro não ficou tão caro.

☐ conserto   ☐ concerto

Encontro vocálico

Em uma palavra, podemos encontrar duas ou mais vogais juntas. A esse grupo de vogais chamamos **encontro vocálico**. Observe, por exemplo, o encontro vocálico destas palavras:

l**ei**te   cor**oa**   c**ai**xa   **au**la

1 Escreva o nome das imagens e circule o encontro vocálico.

a)

b)

c)

Ilustrações: Claudia Valente

_____   _____   _____

2 Releia este trecho da história "O menino que lia até o fim".

O dicionário, leu inteirinho só para ver quais eram as últimas palavras do autor.

- Copie as palavras com encontro vocálico.

_____

3 Complete as palavras com os encontros vocálicos do quadro.

io   ou   au   ai   oi   ao   ia   ei   oe

a) p____ta   d) v____la   g) memór____

b) tes____ra   e) c____xote   h) c____lho

c) degr____   f) f____ce   i) sals____ro

BRINCANDO

1 Estes livros foram retirados da prateleira e deixados sobre a mesa de estudos. Organize-os novamente, copiando os títulos em ordem alfabética nos espaços indicados.

Definições

No texto *Descobertas da Nina*, a personagem criou definições para palavras conhecidas.

Vamos fazer como a personagem e criar definições?

Planejar

1. Forme um grupo com dois ou três colegas.
2. Releiam as definições que a personagem Nina inventou.

Produzir

1. Pensem juntos em definições para as palavras a seguir e escrevam nas linhas. Se precisar, peçam a ajuda do professor. Usem seus conhecimentos, sua criatividade e mãos à obra!

Estudar: _____

Casa: _____

Rua: _____

Brincar: _____

Lição: _____

Férias: _____

Prova: _____

Revisar

1. Releiam as definições e verifiquem o que pode ser melhorado. Peçam ao professor para fazer uma leitura também. Depois, corrijam o que for necessário.

Compartilhar

1. Leiam para os outros grupos as definições que vocês criaram.

 **TEXTO 1**

Observe o texto a seguir. Você sabe que texto é esse?

Cuiabá, 7 de abril

Dona Cristina,

Bom dia. O Lucas faltou à aula ontem porque estava com muita febre. Ele foi hoje à escola, mas, se não estiver bem, pode me ligar.

Um abraço,
Eunice Dias

BRINCANDO COM O TEXTO

1) O texto que você leu é um bilhete. Responda:

  a) Em que dia e mês o bilhete foi escrito?
  _____

  b) Onde o bilhete foi escrito? _____

2) Ligue.

  Eunice Dias   Nome da pessoa que receberá o bilhete.

  Dona Cristina   Nome da pessoa que envia o bilhete.

3) Converse com os colegas.

  a) O bilhete deixa claro quem é Eunice Dias e Dona Cristina?

  b) Quem você acha que são essas pessoas?
  _____
  _____
  _____

4) Por que o bilhete foi escrito? Marque um **X** na resposta correta.

  ☐ Para fazer um comunicado e um pedido.

  ☐ Para fazer uma reclamação.

  ☐ Para fazer um elogio.

5) Como a pessoa que escreveu o bilhete se despede?
  _____
  _____

GRAMÁTICA

Encontro consonantal

Observe as palavras a seguir.

ti**gr**e

bici**cl**eta

Nas palavras **tigre** e **bicicleta**, há duas consoantes juntas: **gr** e **cl**.

> Duas consoantes juntas na mesma palavra formam um **encontro consonantal**.

Veja outros exemplos: **br**aço, **pr**ego, **tr**ave, **cr**eme, **bl**usa, li**vr**o, **fl**or.

ATIVIDADES

1 Complete as palavras com os encontros consonantais indicados e, depois, copie-as ao lado.

a) **fr**
- _____ango _____
- _____amboesa _____

b) **pr**
- _____ato _____
- _____aça _____

2 Escreva o nome das imagens e sublinhe os encontros consonantais.

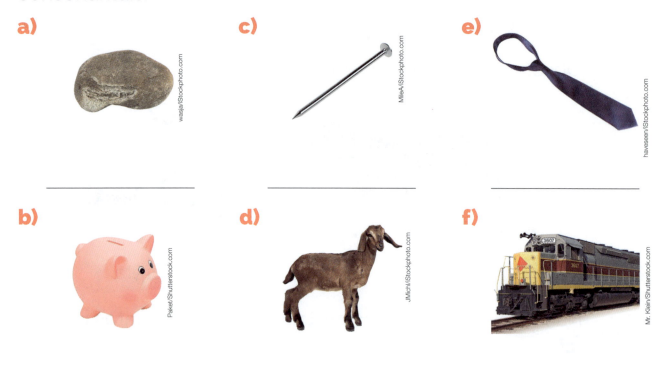

a)

b)

c)

d)

e)

f)

3 Escolha o encontro consonantal que completa adequadamente cada palavra.

| vr | tr | pr | br | gl | cl |

a) es _____ ela

b) _____ imo

c) _____ igo

d) _____ ova

e) _____ ara

f) _____ obo

g) li _____ o

h) _____ aça

i) _____ aço

4 Escreva mais uma palavra para cada encontro consonantal da atividade anterior.

_____

_____

_____

5 Leia o texto a seguir.

Eu vi três tigres trigêmeos
com três pratinhos de trigo
e três croquetes de tripa,
tragando um pobre galeto.

Trava-língua.

a) Circule as palavras do texto que apresentam encontro consonantal.

b) Copie essas palavras e sublinhe o encontro consonantal delas.

_____

_____

6 Ordene as sílabas para formar as palavras e depois indique o encontro consonantal.

a) pré | o | di _____ ☐

b) ta | fru _____ ☐

c) ma | cli _____ ☐

d) cla | te | do _____ ☐

e) tor | tra _____ ☐

7 Encontre as palavras **placa**, **trevo** e **gruta** no diagrama.

X	O	E	L	G	O	S	J	D	I	E	T	Q	T	R	E	V	O
Z	M	V	O	E	N	R	I	Y	S	P	X	V	W	Q	J	Ç	G
V	M	B	N	A	P	L	A	C	A	C	E	Q	X	B	Z	R	M
Q	X	V	W	Q	J	Ç	M	X	O	E	G	K	S	U	C	J	G
G	R	U	T	A	M	B	N	G	K	S	M	R	O	H	A	O	E

Observe o texto a seguir. Que tipo de texto você acha que é? Acompanhe a leitura do professor.

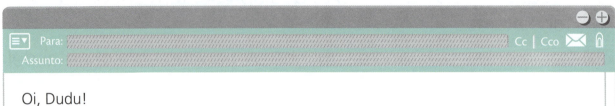

Oi, Dudu!

Como está a vida em Toronto?

Está muito frio por aí? Por aqui continua o calor de sempre. Sabe como é São Luís, né?

Outro dia eu vi um programa na TV falando sobre o inverno no Canadá e parece que cai muita neve por aí. Dá para fazer bonequinho de neve e tudo?

Ontem eu fui à praia e fiz um castelo de areia grandão e uma escultura de uma sereia lindona. Pense... É essa aí do anexo (não te mandei por WhatsApp porque mamãe disse que quando aqui é de tarde, por aí é bem cedinho e talvez você ainda tivesse dormindo). Agora eu tô treinando pra um concurso de escultura de areia. Torce por mim!

Eu, todo mundo da escola e da praia estamos com muita saudade e queremos que você apresente os amigos da escola nova.

Abraçãozão!

Digão

P.S.: Vamos marcar de jogar *video game on-line* num fim de semana? Quero mostrar um montão de novidade do jogo porque subi de nível semana passada! \o/

 **GLOSSÁRIO**

P.S.: *post scriptum*, expressão latina que significa "depois do escrito". São anotações extras que desejamos incluir depois de fazer a despedida de uma carta, bilhete ou *e-mail*.

Texto escrito especialmente para esta obra.

BRINCANDO COM O TEXTO

1 O texto que o professor leu é um *e-mail*. Responda:

a) Quem escreveu o bilhete?
_____

b) Para quem o bilhete foi escrito?
_____

2 Ligue:

Alô   despedida

Um abraçãozão   saudação

3 Marque um **X** na resposta correta.

a) "Um abraçãozão" é:

☐ um abraço exagerado.   ☐ um abraço rápido.

☐ um abraço forte.

b) "Um montão de coisas" é o mesmo que:

☐ uma dica.   ☐ uma grande bola.

☐ várias técnicas.

4 Copie o que o autor do bilhete acrescentou depois de assinar o que escreveu.

_____

_____

GRAMÁTICA

Frase

Leia esta fala da personagem:

A fala da personagem é uma frase.

Frase é uma palavra ou um conjunto de palavras que expressam um comunicado, uma informação. Toda frase é iniciada por uma letra maiúscula e termina com um sinal de pontuação.

As frases podem ser classificadas em: declarativas (afirmativas ou negativas), interrogativas, exclamativas e imperativas.

Frase declarativa afirmativa
Exemplo: O nome dela é Rua do Amendoim.
Frase declarativa negativa
Exemplo: Não sei o que escolher para o jantar.
Frase interrogativa
Exemplo: Você acredita?
Frase exclamativa
Exemplo: Uau, uma lâmpada mágica!
Frase imperativa
Exemplo: Misture toda a farinha aos ovos.

ATIVIDADES

1 Indique o tipo de cada frase de acordo com a legenda.

- A afirmativa
- B negativa
- C interrogativa
- D exclamativa
- E imperativa

- [ ] Não o vi essa semana.
- [ ] Que felicidade!
- [ ] Leia este livro.
- [ ] Quero ir à biblioteca.
- [ ] Quantos anos você tem?

2 Ordene as palavras para formar as frases corretamente.

a) sapato. gostou Ela do novo

_____

b) arrumou Carlos seu armário.

_____

3 No caderno, escreva uma frase para cada imagem conforme a indicação.

a) Frase interrogativa

b) Frase imperativa

# BRINCANDO COM A CRIATIVIDADE

Bilhete

Agora é sua vez de escrever um bilhete.

Planejar

1. Releia o bilhete do **Texto 1**.
2. Observe as informações que explicam cada parte do bilhete.

Local e data em que o bilhete foi escrito.

Nome da pessoa que receberá o bilhete ou **destinatário**.

Mensagem do bilhete ou assunto.

Saudação final

Nome da pessoa que envia o bilhete ou **remetente**.

Vânia Maia

Produzir

1. Faça de conta que você é dona Cristina e responda ao bilhete da Eunice.
2. Escreva o bilhete no espaço abaixo.

_____
_____
_____
_____
_____
_____
_____
_____

Revisar

1. Faça uma revisão do bilhete, respondendo às questões a seguir.
   - Você colocou local e data?
   - O nome de quem receberá o bilhete e de quem o envia foram escritos?
   - A mensagem do bilhete responde ao que Eunice escreveu inicialmente para dona Cristina?
   - Você utilizou alguma saudação final ou despedida?
2. Mostre ao professor o bilhete que você escreveu.

Editar

1. Faça as correções que você considerar necessárias no bilhete.

Compartilhar

1. Leia seu bilhete para os colegas. Veja como ficou o deles.

GRAMÁTICA

Frase afirmativa e frase negativa

Leia as frases a seguir.
Joana come maçã.

Frases afirmativas afirmam alguma coisa.

Ademar não gosta de quiabo.

Frases negativas negam alguma coisa.

No final das frases afirmativas e das frases negativas é usado o **ponto final** (.).

Frase interrogativa e frase exclamativa

Leia as frases a seguir.
Adoramos ir à praia!

A **frase exclamativa** indica admiração, surpresa, alegria, espanto, tristeza. No final dela é usado o **ponto de exclamação** (!).

Você foi ao jogo ontem?

A **frase interrogativa** é usada para fazer perguntas. No final dela é usado o **ponto de interrogação** (?).

ATIVIDADES

1 Coloque ponto de exclamação no final das frases. Depois, leia-as em voz alta.

a) Que árvore enorme

b) Que susto você me deu

c) Adorei o presente

d) Que cachorrinho lindo

e) Precisamos nos encontrar mais vezes

2 Coloque ponto de interrogação no final das frases. Depois, leia-as em voz alta.

a) Por que você está alegre

b) O que é isto na caixa

c) Onde estão os gatinhos

d) Qual é seu nome completo

e) Você já foi ao teatro

3 Escreva **A** para as frases afirmativas e **N** para as frases negativas.

☐ As cores verde e amarelo são símbolos do Brasil.

☐ A galinha não comeu o milho.

☐ A tarde está muito calma.

☐ O livro não está na estante.

☐ Esta casa não está à venda.

☐ Esse filme é muito bom.

4 Copie da tirinha abaixo os tipos de frases pedidos.

Clara Gomes. *Bichinhos de Jardim*. Disponível em: http://bichinhosdejardim.com/jogada. Acesso em: maio 2020.

a) Frase interrogativa: _____

b) Frase negativa: _____

c) Frase exclamativa: _____

5 Elabore frases afirmativas com as palavras a seguir.

a) sopa

_____

_____

b) calma

_____

_____

6 Transforme as frases afirmativas que você criou em frases negativas.

a) _____

_____

b) _____

_____

 **BRINCANDO**

1 Que tal brincar de encontrar os pares de alimentos?

1. Recorte as cartas com os alimentos da página 253.
2. Escolha um colega para formar dupla com você e junte suas cartas às dele.
3. Embaralhem bem as cartas e disponham-nas sobre a mesa com as imagens viradas para baixo.
4. Escolham quem começará o jogo.
5. Cada um deve virar apenas duas cartas e ver se elas formam um par.
6. Se as cartas escolhidas não forem iguais, aquele que jogou deve devolvê-las ao lugar delas e ceder a vez para o colega tentar encontrar um par.
7. Sigam assim até que todos os pares sejam encontrados.

PEQUENO CIDADÃO

Ícones

Você já percebeu as pequenas imagens que ficam na tela de aparelhos eletrônicos, como telefones celulares e computadores?

Muitas delas são as mesmas em diferentes equipamentos, porque elas têm a mesma função.

Essas imagens são **ícones**. Os ícones representam uma ação ou um objeto por meio de linguagem não verbal, ou seja, sem usar palavras.

Veja alguns exemplos de ícones.

1. Quais dessas imagens você já conhece? Converse com os colegas e escreva o nome delas ou para que elas servem.
2. Em que lugares você costuma ver esses ícones?
3. Esses ícones facilitam o uso dos equipamentos em que eles aparecem? Converse com os colegas sobre isso.

UNIDADE 4

TEXTO 1

Observe o texto a seguir. O que chama a sua atenção nesse texto? Leia o poema visual.

o tamanho do A

o tAmAnduÁ
se espAntA
com o tAmAnho
do A

Sérgio Capparelli. *111 poemas para crianças*. Porto Alegre: L&PM, 2008.

BRINCANDO COM O TEXTO

1 Qual é o título do texto?
_____

2 Nesse poema há um jogo de palavras que têm sons parecidos. Que palavras são essas?
_____
_____

3 O que aconteceu com a letra **A** ao longo do poema?
_____
_____
_____

4 Como as palavras estão distribuídas nos versos?
_____
_____
_____

> Os **poemas visuais** representam uma ideia por meio de imagens, do formato e da disposição das letras e das palavras. A mensagem pode ser percebida quando o poema é visualizado.

5 O texto "O tamanho do A" é um poema visual?

☐ Sim.

☐ Não.

ATIVIDADES

1) Complete as palavras corretamente com **da**, **de**, **di**, **do** ou **du**.

a) moe_____   e) de_____   i) ma_____ro

b) ci_____de   f) bola_____   j) _____ce

c) bigo_____   g) _____tado   k) _____ro

d) da_____   h) sauda_____   l) _____amante

2) Separe as palavras em sílabas.

a) brócolis _____

b) goiabada _____

c) abacate _____

d) tomada _____

e) estrela _____

f) gaveta _____

3) Escreva o nome das imagens.

a) _____

b) _____

c) _____

d) _____

e) _____

f) _____

Sílaba tônica

Toda palavra tem uma sílaba que é pronunciada de maneira mais forte.

Leia estas palavras e observe a sílaba destacada.

casa   caneta   se**má**foro

Quando lemos essas palavras, pronunciamos as sílabas destacadas com mais força, com mais intensidade.

> A sílaba pronunciada de maneira mais forte é chamada de **sílaba tônica**.

1 Complete as palavras com a sílaba tônica que está faltando.

a)

ca____lo

b)

____sa

c)

so____

d)

a____bora

e)

aba____te

f)

me____

2 Circule a sílaba tônica.

a) janela   c) alface   e) sabão   g) papel

b) caju   d) gaveta   f) pintor   h) peteca

3 Escreva o nome das imagens e sublinhe a sílaba tônica.

a) _____   d) _____

b) _____   e) _____

c) _____   f) _____

4 Separe as palavras em sílabas, de modo que a sílaba tônica fique no quadrinho em destaque. Veja o modelo.

retrato | | re | tra | to |

a) hotel

b) máquina

c) futebol

d) urubu

De que assunto o texto abaixo parece tratar? O que você observou para responder?

Comedor de formigas

Myrmecophaga tridacyla foi a maneira mais elegante que os cientistas encontraram para denominar um legítimo comedor de formigas. Aliás, *myrmeco* quer dizer "formiga" e *phaga*, "alimentação".

Você, que está a ponto de dar um nó na língua, pode simplificar essa história toda dizendo simplesmente: tamanduá-bandeira.

Mamífero pertencente à ordem dos Edentata e ao mesmo grupo dos tatus, das preguiças e de outros tamanduás – como o mirim e o de dois dedos –, o tamanduá-bandeira só é encontrado no continente americano.

No Brasil, esse animal era visto com frequência em quase todas as regiões. Mas hoje quem quiser observá-lo terá de visitar o Parque Nacional da Serra da Canastra, em Minas Gerais, ou outra Unidade de Conservação.

Procura-se! – Galeria de animais ameaçados de extinção. São Paulo: Companhia das Letrinhas; Rio de Janeiro: Ciência Hoje das Crianças, 2007. p. 52.

BRINCANDO COM O TEXTO

1 Marque um **X** na resposta correta.

O texto que você leu apresenta informações sobre:

☐ as formigas. ☐ os tatus.

☐ o tamanduá-bandeira.

2 Circule no trecho a seguir o nome científico e o nome popular do animal que é assunto do texto.

Myrmecophaga tridacyla foi a maneira mais elegante que os cientistas encontraram para denominar um legítimo comedor de formigas. Aliás, *myrmeco* quer dizer "formiga" e *phaga*, "alimentação".

Você, que está a ponto de dar um nó na língua, pode simplificar essa história toda dizendo simplesmente: tamanduá-bandeira.

3 Marque um **X** nos animais que são do mesmo grupo.

4 Releia a informação abaixo, com a ajuda do professor.

No Brasil, esse animal era visto com frequência em quase todas as regiões. Mas hoje quem quiser observá-lo terá de visitar o Parque Nacional da Serra da Canastra, em Minas Gerais, ou outra Unidade de Conservação.

Converse com os colegas. Você acha que o tamanduá-bandeira é um animal que corre o risco de desaparecer? Por quê?

1 Escreva o nome das imagens em ordem alfabética.

_____

_____

_____

2 Leia as palavras e sublinhe os encontros consonantais.

a) trem e) vitrine i) planeta m) cravo
b) clima f) placa j) atleta n) florido
c) bravura g) cruz k) entrada o) fraco
d) letra h) grupo l) procurar p) claro

3 Use letra maiúscula ou minúscula para completar as palavras.

a) _____aura é uma _____enina muito gentil.

b) _____le gosta muito de _____iajar.

c) _____icardo e _____éssica são meus melhores _____migos.

4 Separe as palavras em sílabas. Depois, indique quantas sílabas tem cada uma.

a) criança _____ ☐

b) cravo _____ ☐

c) cobra _____ ☐

d) carrinho _____ ☐

e) berinjela _____ ☐

5 Escreva o nome das imagens e sublinhe a sílaba tônica.

a) _____

b) _____

c) _____

d) _____

e) _____

f) _____

6 Escreva palavras que tenham os encontros consonantais indicados.

a) tr _____

b) bl _____

c) cl _____

d) gr _____

e) pl _____

f) fl _____

7 Pinte apenas os desenhos de objetos cujos nomes tenham encontro vocálico.

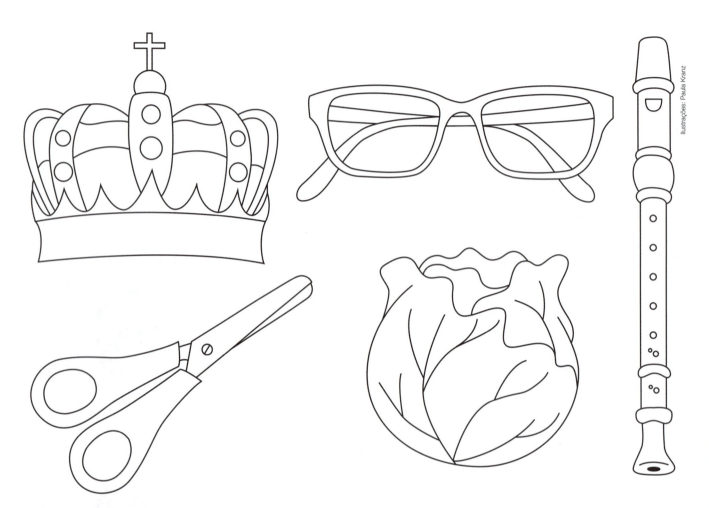

Ilustrações: Paula Kranz

8 Ligue cada palavra ao quadro com o número de sílabas correspondente.

a) caminho — 2

b) apartamento — 5

c) loja — 4

d) carambola — 1

e) mel — 3

Poema visual

Reúna-se em grupo. Nesta atividade, você e seus colegas vão transformar um poema tradicional em um poema visual.

Antes de começar, o professor vai apresentar outros poemas visuais.

Planejar

1. Para começar, você e seus colegas vão pesquisar um poema em livros da biblioteca da escola ou na internet, com a ajuda do professor.
2. Copie abaixo o poema que seu grupo escolheu.

_____
_____
_____
_____
_____
_____
_____

3. A tarefa agora é transformar o poema tradicional que vocês escolheram em um poema visual. Conversem sobre as seguintes questões:
- Qual é o tema do poema escolhido?
- Que imagem poderia representar esse poema?
- Que formato o poema visual poderia ter?
- Vocês poderiam apresentar as palavras e as letras de um modo diferente?

Produzir

1. Usem a criatividade para produzir o poema visual.
2. No espaço abaixo, faça um rascunho do que você e seus colegas pensaram.

Rever e revisar

1. Com a ajuda do professor, avaliem o poema visual que vocês criaram. Será que vocês podem deixá-lo mais interessante? Alguém do grupo tem alguma sugestão?

Editar

1. Um integrante do grupo deverá passar o poema a limpo em uma folha de papel sulfite.

Compartilhar

1. No dia combinado, o professor vai organizar uma exposição das produções.

TEXTO 1

O personagem do texto a seguir é um camaleão. O que você sabe sobre esse animal?

Bom dia, todas as cores!

Meu amigo camaleão acordou de bom humor.

– Bom dia, Sol, bom dia, flores, bom dia, todas as cores!

Lavou o rosto numa folha cheia de orvalho, mudou sua cor para a cor-de-rosa, que ele achava a mais bonita de todas, e saiu para o Sol, contente da vida.

Meu amigo camaleão estava feliz porque tinha chegado a primavera.

E o Sol, finalmente, depois de um inverno longo e frio, brilhava, alegre, no céu.

– Eu hoje estou de bem com a vida – ele disse. – Quero ser bonzinho pra todo mundo...

Ruth Rocha. *Bom dia, todas as cores!* São Paulo: Richmond, 2018. p. 5-7.

BRINCANDO COM O TEXTO

1 Como estava o camaleão quando acordou?
_____
_____

2 Quem o camaleão cumprimentou?
_____
_____

3 Pinte a ilustração da mesma cor que o camaleão ficou quando lavou o rosto.

4 Assinale a resposta correta.

O camaleão estava contente porque:

☐ o orvalho estava nas folhas.

☐ ele gostava do inverno.

☐ a primavera tinha chegado.

5 Observe as frases a seguir e pinte o sinônimo da palavra destacada.

> **Sinônimos** são palavras com significado semelhante.

a) Lavou o rosto numa folha cheia de **orvalho**.

poeira   bichinhos   gotinhas de umidade

b) Meu amigo camaleão acordou **de bom humor**.

triste   feliz   irritado

6 Reescreva as frases anteriores substituindo as palavras em destaque pelos sinônimos.

_____

_____

_____

_____

7 Ligue o nome da estação do ano à imagem correspondente.

a) inverno   **b)** verão   **c)** primavera   **d)** outono

ORTOGRAFIA

Palavras com s ou ss

1 Complete com **ss** e depois escreva as palavras.

a) pa____o _____

b) to____e _____

c) pe____oa _____

d) pá____aro _____

e) a____obio _____

f) ma____a _____

2 Escreva o nome das imagens e sublinhe as letras **ss**.

a)

b)

c)

_____ _____ _____

3 Complete as palavras com **s** ou **ss**.

a) ____ino

b) ____uco

c) gro____o

d) profe____ora

e) ____entar

f) a____inar

4 Escreva as palavras que você completou separando-as em dois grupos.

s	ss

Cedilha (¸)

Observe as palavras a seguir.

garça

laço

Debaixo da letra **c** das palavras **garça** e **laço** há um sinal. É a **cedilha** (¸).

Ela só pode ser colocada no **c** antes de **a**, **o**, **u**.

Exemplos: peça, aço, açúcar.

> Não usamos cedilha antes das vogais **e** e **i**, nem no início de palavras. Exemplos: cebola, cinema, cenoura, cisne.

ATIVIDADES

1 Complete as palavras usando o **c** com cedilha e depois copie cada palavra.

a) caro____o _____

b) gra____a _____

c) doen____a _____

d) ma____o _____

e) len____ol _____

f) pra____a _____

2 Coloque a cedilha nas palavras em que ela está faltando.

a) tecido

b) poco

c) pinca

d) cidade

e) abraco

f) pedaco

g) cegonha

h) cebola

3 Complete com **ç** o nome das imagens.

a) on____a

b) cal____a

c) ber____o

d) carro____a

e) crian____a

f) palha____o

4 Circule as palavras do quadro que devem ser escritas com cedilha. Depois, copie-as corretamente nas linhas abaixo.

| circo | você | moco | lanca | cenoura |
| danca | cinto | cesta | cacador | balanca |

_____

_____

5 Copie as frases e coloque a cedilha quando for necessário.

a) Coloquei o bebê no berco e lavei a louca.

_____

b) Ela sentiu dores no pescoco.

_____

 **TEXTO 2**

Você vai ler outro texto sobre o camaleão. Onde ele foi publicado? Localize a fonte ao final do texto.

O texto foi publicado no *site Ciência Hoje das Crianças*, uma revista de divulgação científica para crianças.

Troca-troca de cores

É a fama do camaleão: muda de cor conforme a situação! Ao contrário do que muita gente pensa, o bicho não faz isso para se camuflar no ambiente, e sim para se comunicar – tons suaves para o período reprodutivo, cores vibrantes para intimidar o oponente em uma briga, e assim vai.

Mas como será que o camaleão faz isso? Essa foi a pergunta da leitora Samira Izabel, e quem ajuda a responder é o biólogo Henrique Caldeira Costa, pesquisador da Universidade Federal de Viçosa e autor da coluna "O nome dos bichos" aqui na *CHC Online*.

Os camaleões verdadeiros têm origem na África, no Oriente Médio, na Índia e no Sri Lanka. Ao todo, são quase 200 espécies conhecidas

Ele explicou que a epiderme (camada mais superficial da pele) do camaleão é transparente. Abaixo dela, existem outras três camadas de células com pigmentos coloridos chamados cromatóforos – são eles os responsáveis pela mudança de cor.

"A primeira camada de cromatóforos tem pigmentos amarelos e vermelhos, a segunda tem pigmentos azuis e brancos e a terceira tem pigmentos que variam de marrom a preto", explica Henrique. Para mudar de cor, o camaleão expande alguns cromatóforos e contrai outros.

"Por exemplo, se a maioria dos cromatóforos azuis e amarelos, está expandida, o camaleão fica verde, como acontece quando misturamos tintas dessas duas cores", completa o cientista. "Partes diferentes do corpo podem, ao mesmo tempo, expandir e contrair diferentes cromatóforos, deixando o lagarto multicolorido."

Troca-troca de cores. *Ciência Hoje das Crianças*, Rio de Janeiro, 20 jun. 2013. Disponível em: http://chc.org.br/acervo/troca-troca-de-cores/. Acesso em: 8 maio 2020.

 **BRINCANDO COM O TEXTO**

1 Por que o título do texto é "Troca-troca de cores"?
_____
_____

2 Por que o camaleão muda de cor?

☐ Para se camuflar no ambiente.

☐ Para se comunicar.

3 O camaleão mostrado na fotografia está em período reprodutivo? Por quê?
_____
_____
_____

4 Releia este trecho do texto com a ajuda do professor. Depois, responda às questões.

Mas como será que o camaleão faz isso? Essa foi a pergunta da leitora Samira Izabel, e quem ajuda a responder é o biólogo Henrique Caldeira Costa, pesquisador da Universidade Federal de Viçosa e autor da coluna "O nome dos bichos" aqui na *CHC Online*.

a) Quem é Samira Izabel?
_____
_____

b) Que pergunta Samira enviou à revista?
_____
_____
_____

c) Quem respondeu à pergunta?

_____

_____

> O texto que você leu é um **artigo de divulgação científica**. Esses textos são escritos para apresentar pesquisas, teorias e resultados de investigações para pessoas que não são especialistas no assunto.

5 Releia esta parte do texto com o professor.

Ele explicou que a epiderme (camada mais superficial da pele) do camaleão é transparente. Abaixo dela, existem outras três camadas de células com pigmentos coloridos chamados cromatóforos – são eles os responsáveis pela mudança de cor.

a) O que é epiderme?

_____

_____

_____

b) O que são cromatóforos?

_____

_____

_____

6 Volte aos dois parágrafos finais do texto e observe que há trechos entre aspas (" "). Você sabe por que esse sinal foi utilizado?

_____

_____

Letras c e ç

1 Complete o nome das imagens com a sílaba que falta.

a)

a_____car

b)

tran_____

c)

la_____

2 Separe as palavras em sílabas e depois indique a sílaba tônica.

a) caçula _____

b) cinema _____

c) pescoço _____

d) dança _____

Substantivo comum e substantivo próprio

As palavras que dão nome a coisas, objetos, animais, lugares e pessoas são chamadas de **substantivos**.

Veja os exemplos:

tigre   vaso   homem

> Os substantivos dos exemplos acima são chamados de **substantivos comuns**, pois nomeiam seres e coisas da mesma espécie, de forma geral.

Outros exemplos: caneta, menino, sapo, navio etc.

> Os substantivos que nomeiam pessoas, animais de estimação e lugares são chamados de **substantivos próprios**.

Exemplos: Breno, Simone, Goiás, Manaus, Totó etc.
Todo substantivo próprio deve ser escrito com letra inicial maiúscula.

ATIVIDADES

1 Escreva o nome:

a) de um colega da turma; _____

b) de um vizinho; _____

c) da cidade em que você nasceu; _____

d) do estado em que você mora. _____

2 Escreva o nome das imagens a seguir. Todos os nomes são substantivos comuns.

a)
_____

c)
_____

e)
_____

b)
_____

d)
_____

f)
_____

3 Circule os substantivos comuns e sublinhe os substantivos próprios.

a) Piauí

b) panela

c) barco

d) China

e) estante

f) Marcos

g) Belém

h) livro

i) cano

j) festa

k) África

l) mundo

4 Complete o diagrama com os substantivos próprios indicados.

1. Portugal
2. Marilda
3. Rita
4. Macapá
5. Olinda

5 Organize as frases e escreva-as.

a) toma | Antônio | café | açúcar. | sem

_____

b) lasanha | A | deliciosa! | está

_____

c) Eles | de | férias | viajaram | Paraíba. | para | a

_____

d) Gisele | paçoca | sobremesa. | come | de

_____

6 Escreva frases com os substantivos a seguir.

a) leão _____

b) calça _____

c) Pará _____

BRINCANDO

1 Misturando cores, podemos criar outras cores. Quer ver como?

1. Pinte os círculos com as cores indicadas.
2. Para descobrir a cor que resulta das duas que você tiver pintado, converse com os colegas e o professor.
3. Aproveite a última linha para criar sua própria mistura de cores.

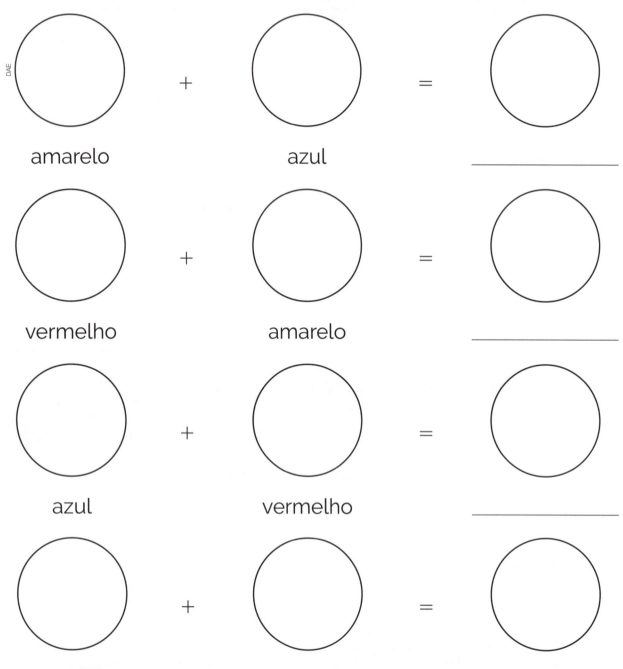

BRINCANDO COM A CRIATIVIDADE

Reconto

O professor vai ler mais um texto sobre o camaleão.

Na sala de aula, você vai recontar essa história com os colegas para que ele escreva.

Em casa, reconte a história oralmente para seus familiares.

Planejar

1. A primeira tarefa é ouvir com atenção a história que o professor vai ler.

Por que o camaleão muda de cor?

Há muitas e muitas luas, a lebre e o camaleão eram amigos inseparáveis.

Naquele tempo, o interior da África era percorrido a pé por longas caravanas. Todos carregavam pacotes e cestos à cabeça, repletos de cera de borracha, que trocavam por panos coloridos nas vendas dos comerciantes brancos nas vilas situadas junto ao mar.

A lebre e o camaleão, tão logo ouviam o cântico e o alarido dos carregadores, se arrumavam rapidamente para seguir atrás dos homens.

Os dois gostavam de fazer negócios também e, com suas pequenas trouxas, marchavam na retaguarda das alegres comitivas.

Claudia Marianno

Os carregadores traziam guizos e campainhas presos aos tornozelos, fazendo uma barulheira infernal, que servia para afugentar as feras selvagens do caminho.

    A lebre, sempre apressada, fazia tudo correndo. Assim que chegava à loja do homem branco, trocava rapidinho sua cera por tecidos multicolores e dizia para o camaleão:

    – Já estou indo – e sumia pela mata afora.

    O camaleão, muito calmo, respondia:

    – Não tenho pressa – e regressava lentamente para a imensa floresta.

    A lebre, atabalhoada, ia perdendo pelos atalhos tudo que conseguia, por causa das suas correrias insensatas.

É por esta razão que a apressadinha anda até hoje vestida com um pano cinzento, sujo e desbotado.

O lento e responsável camaleão juntou muitos tecidos das mais variadas tonalidades, e é por isso que ele pode trocar de cor a toda hora.

Rogério Andrade Barbosa. *Histórias africanas para contar e recontar.* São Paulo: Editora do Brasil, 2002. p. 19-23.

2. Você entendeu a história? Converse com os colegas sobre ela, respondendo às questões a seguir.
   - Quem são os personagens da história?
   - Onde e quando ela aconteceu?
   - Por que os personagens seguiam os carregadores?
   - Quais características dos personagens a história apresenta?
   - De acordo com a história, por que a lebre é cinza? E por que o camaleão troca de cor?
   - Vocês entenderam o significado de todas as palavras do texto?

3. Organizem uma lista das palavras que vocês desconhecem. Tentem imaginar o significado de cada palavra de acordo com o trecho em que ela aparece.

4. Depois, com a ajuda do professor, busquem o significado dessas palavras no dicionário.

Produzir

1. Agora que você e seus colegas já conversaram sobre o texto, chegou a hora de recontar a história.
2. O professor vai reler parte por parte e registrar na lousa a história recontada.
3. É importante que todos participem. Levante a mão quando quiser falar e reconte o que você ouviu, usando suas palavras.

Compartilhar

1. Quando chegar em casa, reconte oralmente a história para as pessoas da sua família.

UNIDADE 6

TEXTO 1

Leia o título do texto a seguir. Você já conhece essa história?

João e o pé de feijão

João e sua mãe são muito pobres. Certo dia, ela diz:

— Nossa vaca não dá mais leite, filho. Venda-a no mercado e traga o dinheiro.

No caminho, João encontra um homem que paga cinco feijões mágicos pela vaca. Ele fica sem a vaca, mas muito feliz com os feijões.

[...]

— Mãe, esses feijões são mágicos! – ele conta toda a história.

— Cinco feijões pela vaca? Veja o que eu faço com eles! – a mãe fica furiosa e joga as sementes pela janela.

O menino vai para seu quarto. Ele está chateado e com fome.

Na manhã seguinte, João abre a janela...

— Nossa! Um pé de feijão gigante! – ele grita.

[...]

João decide subir no pé de feijão. Quando chega ao último galho, que toca o céu, ele vê um castelo. Na frente do castelo há uma mulher. João vai até lá.

– Meu estômago está roncando... Estou com fome! – diz João.

– Entre, menino! – diz a mulher. – Coma e se esconda no forno.

Meu marido não pode ver uma criança pela frente!

[...]

Telma Guimarães. *João e o pé de feijão*. São Paulo: Editora do Brasil, 2011. p. 4, 6 e 8.

 **BRINCANDO COM O TEXTO**

1) Quem é o personagem principal da história?
___

2) Com quem esse personagem vivia?
___

3) O que a mãe pediu ao filho?
___
___

4) O que o filho fez?
___
___

5) A mãe ficou feliz com o filho? O que ela fez em seguida?
___
___

6) O que aconteceu com os feijões?
___
___

7) Por fim, o que João fez?
___
___
___

Contar o fim de uma história

1. Você já conhecia a história de *João e o pé de feijão*? Converse com os colegas a respeito dela.

2. Pense em como continuar a história. Você pode inventar ou contar de acordo com o que você já conhece dela.

 SAIBA MAIS

João e o pé de feijão

A história de *João e o pé de feijão* tem origem na Inglaterra e foi publicada pela primeira vez por Benjamin Tabart, em 1807.

Em 1890, a história recebeu uma versão que se tornou mais popular, publicada pelo australiano Joseph Jacobs.

O conto é conhecido e inspira até hoje reedições, versões, filmes, peças de teatro e séries.

Capa do livro *João e o pé de feijão* em quadrinhos.

Cena do espetáculo *João do pé de feijão*, Inglaterra, 2008.

Assim como *João e o pé de feijão*, muitos contos de fada tiveram origem popular e foram passados oralmente de geração a geração, muito antes de serem registrados por escrito.

Por isso, as versões desses contos costumam ser diferentes umas das outras. Muitas vezes, assim como aconteceu com *João e o pé de feijão*, a versão que se torna mais conhecida não é a primeira publicada.

1 Entre os contos de fada que você conhece, escolha um e pesquise, na biblioteca da escola ou na biblioteca pública, uma versão bem diferente publicada em livro.

Depois, escreva-a resumidamente abaixo.
Título da história que você conhece:
_____

Resumo:
_____
_____
_____
_____
_____
_____

Principal diferença:
_____
_____
_____
_____
_____

Sílabas ge, gi, je, ji

1 Complete com a letra **g** o nome das imagens.

a) _____elatina

c) _____irafa

e) va_____em

b) _____irassol

d) _____elo

f) fri_____ideira

2 Ordene as sílabas e escreva as palavras.

a) co | gi | má

_____

b) gi | gen | va

_____

c) te | gi | gan

_____

d) bi | gi

_____

e) ge | do | mi

_____

f) ma | ge

_____

g) pá | na | gi

_____

h) gem | mar

_____

3 Complete as palavras com **je** ou **ji** e escreva-as.

a) _____gue _____   d) _____boia _____

b) _____ló   _____   e) gor_____ta _____

c) _____ito _____   f) _____jum _____

4 Escolha uma das opções para completar as palavras.

a) [je] [ji]   d) [ge] [gi]   g) [je] [ji]

laran_____ira   _____nástica   gor_____ta

b) [ge] [gi]   e) [ge] [gi]   h) [ge] [gi]

via_____m   reló_____o   _____leia

c) [je] [ji]   f) [je] [ji]   i) [je] [ji]

lo_____sta   _____rimum   _____pe

5 Escreva nomes de alimentos que tenham as sílabas **ge**, **gi**, **je** ou **ji**.

_____

_____

_____

_____

GRAMÁTICA

Substantivo: aumentativo

Leia as palavras a seguir.

 sorvet**ão**    cachorr**ão**    canec**ão**

Quando queremos indicar que algo é grande, usamos o **aumentativo**.

Cachorrão é a palavra **cachorro** no **aumentativo**.
Sorvetão é o **aumentativo** de **sorvete**.
Canecão é o **aumentativo** de **caneca**.

ATIVIDADES

1 Escreva estas palavras no aumentativo.

a) menino _____   g) copo _____

b) peixe _____   h) quadro _____

c) carro _____   i) sapato _____

d) sapo _____   j) panela _____

e) rato _____   k) janela _____

f) amigo _____   l) dente _____

2 Faça como o modelo:

> tubo grande ⟶ tubão

a) prato grande ⟶ _____

b) livro grande ⟶ _____

c) vestido grande ⟶ _____

d) bezerro grande ⟶ _____

e) pacote grande ⟶ _____

3 Dê o aumentativo dos nomes dos seguintes animais:

a)

b)

c)

_____   _____   _____

4 Reescreva as frases passando as palavras destacadas para o aumentativo.

a) O vento fez um **barulho**.

_____

b) Luan é um **garoto** simpático.

_____

c) Comprei um **pacote** de biscoito.

_____

BRINCANDO

Observe as imagens e encontre as sete diferenças entre elas!

 **TEXTO 2**

Leia o título do texto. Você sabe responder a essa pergunta? Acompanhe a leitura do professor.

Por que as sementes germinam?

Quando uma semente germina, saem de dentro dela um **broto** e uma raiz. Você poderia pensar que um não gosta do outro. O broto cresce em direção ao calor do Sol. A ponta que cresce no broto faz com que ele vá na direção da luz. A raiz é puxada para baixo pela **gravidade**. Ela cresce na direção contrária da luz.

Se a semente tem um lado pontudo, é dele que a raiz vai sair.

Sementes que germinam em uma espaçonave sem luz e sem gravidade ficam muito confusas. Elas brotam de forma desordenada.

As sementes dos morangos ficam do lado de fora. Você consegue vê-las?

Amy Shields. *Meu primeiro grande livro dos porquês.* Tradução: Mathias de Abreu Lima. Barueri: Girassol, 2011. p. 110.

 **GLOSSÁRIO**

Broto: vegetal em início de crescimento.

Germinar: começar a se desenvolver (as plantas).

Gravidade: (Física) força de atração que a Terra exerce e que faz com que os corpos não flutuem no espaço: as maçãs caem das árvores por ação da gravidade.

BRINCANDO COM O TEXTO

1) O que o texto explica?

___

2) O que sai de dentro da semente quando ela germina?

___

3) Releia esta parte do texto.

Você poderia pensar que um não gosta do outro.

a) A que o texto se refere: quem é **um** e **outro**?

___

b) Por que podemos pensar que um não gosta do outro?

___

4) Pinte a palavra que completa corretamente cada informação.

| O broto | A raiz | cresce em direção ao calor do Sol.

| O broto | A raiz | cresce na direção contrária da luz.

5) Que informações o texto apresenta sobre as sementes que:

a) têm um lado pontudo?

___

b) germinam em uma espaçonave?

___

c) ficam do lado de fora?

___

ORTOGRAFIA

Letras lh

1 Forme palavras de acordo com as cores das sílabas.

a) ▢ ▢ ▢ _____
b) ▢ ▢ _____
c) ▢ ▢ ▢ _____
d) ▢ ▢ ▢ _____
e) ▢ ▢ _____
f) ▢ ▢ _____

2 Escreva as palavras trocando os símbolos pelas sílabas correspondentes. Depois, separe em sílabas as palavras formadas.

mura ▢	bi ● te	agu ▢

i ▢	traba ★	reta ★

ve ▲ nho	abe ▢ do	ma ▢

3 Complete o nome das imagens com a sílaba que falta.

a) _____ma

b) fo_____

c) coe_____

d) mi_____

e) meda_____

f) choca_____

4 Ordene as sílabas e forme palavras.

a) lha | o | ve
_____

b) ver | lho | me
_____

c) pi | lho | o
_____

d) vi | er | lha
_____

e) lhei | co | ta
_____

f) fi | te | lho
_____

g) lha | bo
_____

h) lha | pa
_____

i) be | lha | a
_____

j) te | bi | lhe
_____

Letra m antes de b e p

Leia as palavras e observe as letras destacadas.

po**m**bo

e**mp**ada

Antes das letras **b** e **p**, só usamos a letra **m**. Outros exemplos: te**mp**o, bo**mb**a, ca**mp**o, sa**mb**a, beri**mb**au.
Antes das demais consoantes, escrevemos **n**. Exemplos: ca**nt**or, pa**nd**eiro, domi**ng**o, po**nt**e, mu**nd**o.

1) Complete as palavras com **m** ou **n**.

a) ta____pa   d) po____to   g) li____peza

b) ba____co   e) caça____ba   h) pe____te

c) co____pota   f) bi____go   i) te____pero

2) Escreva as palavras da atividade anterior na respectiva coluna.

Palavras com m	Palavras com n

3 Escreva o nome das imagens.

a) _____

b) _____

c) _____

d) _____

e) _____

f) _____

4 Complete o diagrama com as palavras indicadas.

1. tempo
2. campo
3. sombra
4. umbigo

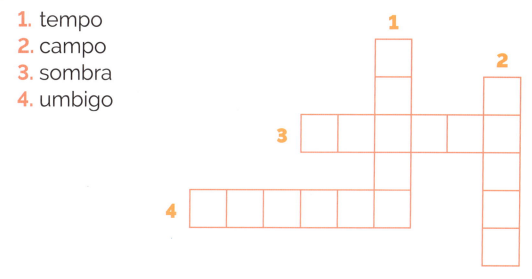

5 Copie as frases substituindo a ⭐ por uma das palavras do quadro.

| bambu   emprego |

a) Ele conseguiu um novo ⭐.

_____

b) O banco é feito de ⭐.

_____

6 Use **m** para completar as palavras e, depois, escreva-as ao lado.

a) capi____   _____

b) nuve____   _____

c) tre____   _____

d) viage____   _____

e) aipi____   _____

f) marro____   _____

g) garage____   _____

h) home____   _____

7 Pesquise em jornais, revistas e em outros impressos as palavras indicadas. Recorte-as e cole-as.

Palavras com **m** antes de **b** ou **p**.

Palavras com **n** antes das demais consoantes.

Relato de observação

Nesta unidade você leu uma história em que um grão de feijão cresceu e se transformou em um pé gigante. Também aprendeu porque as sementes germinam.

Chegou a hora de realizar um experimento e depois produzir um pequeno relato de suas observações. Vamos lá? Registre tudo o que for acontecendo.

Planejar

1. Combine com o professor e os colegas se o experimento será feito individualmente, em casa, ou se todos juntos vão fazê-lo na sala de aula.
2. Decida também se vocês vão germinar sementes de girassol ou de outras plantas. Vocês podem se organizar em grupos e germinarem sementes.
3. Acompanhe a leitura que o professor vai fazer.

Experimento: da semente ao broto

1. Germine as sementes de suas próprias plantas. Se você fizer essa experiência no verão, você pode plantar seus brotos ao ar livre.

Você vai precisar de

1 saquinho de sementes de girassol
Um vaso de plantas
Terra

1. Coloque terra no vaso e faça um buraco raso para cada semente.
2. Coloque uma semente em cada buraco.
3. Regue com um pouquinho de água diariamente. Preste atenção para que seu vaso receba a luz do Sol todos os dias.
4. Seja paciente e veja o que acontece.

Amy Shields. *Meu primeiro grande livro dos porquês.* Tradução: Mathias de Abreu Lima. Barueri: Girassol, 2011. p. 111.

4. Você entendeu bem o texto ou ficou com alguma dúvida? As imagens abaixo ajudam a entender o que precisa ser feito? Troque ideias com o professor e os colegas.
5. Iniciem o experimento registrando a data, onde ele foi realizado e como foi feito. Anotem todas as alterações que forem acontecendo diariamente.

Produzir

1. Depois de alguns dias, você e seus colegas vão produzir um pequeno relato das observações feitas durante o experimento, desde o início.
2. O relato será produzido coletivamente e o professor vai escrevê-lo na lousa.

3. Para compor o texto, vocês podem responder às perguntas a seguir ou acrescentar informações diferentes, de acordo com o experimento que realizaram.
- Quando o experimento teve início?
- Quais sementes vocês plantaram?
- Onde plantaram?
- As sementes receberam um pouquinho de água diariamente?
- O vaso recebeu a luz do Sol todos os dias?
- O que aconteceu com as sementes? Todas germinaram? Depois de quantos dias isso aconteceu?
- Quanto tempo se passou? De que tamanho estão os brotos?

Rever, revisar e editar

1. O professor fará a leitura do texto final. Verifiquem se algo pode ser melhorado.
2. Copie o relato no caderno ou em uma folha à parte.

Compartilhar

1. Chegou a hora de compartilhar suas descobertas.
2. Apresente aos familiares o relato das observações que fizeram e convide-os a germinar outras sementes em casa.

UNIDADE 7

TEXTO 1

Observe as imagens a seguir. Você sabe que tipo de texto é esse?

BRINCANDO COM O TEXTO

O texto que você leu é uma história em quadrinhos.

> **Histórias em quadrinhos**, ou HQs, são histórias narradas em quadrinhos com desenhos e, geralmente, balões com falas dos personagens.

1 Você conhece o personagem principal dessa história? Circule o nome dele nos quadrinhos.

2 Em quantos quadrinhos está organizada a história?

☐ 5 quadrinhos   ☐ 8 quadrinhos   ☐ 9 quadrinhos

3 Observe o segundo e o terceiro quadrinhos novamente.

a) O que você imagina que aconteceu no segundo quadrinho?

_____
_____
_____

b) E no terceiro?

_____
_____
_____

4 Que sinal de pontuação aparece nos balões do terceiro quadrinho? O que ele significa?

_____
_____
_____

5 Observe este balão do penúltimo quadrinho:

- O que o mágico provavelmente está dizendo?

_____
_____

6 No último quadrinho, o público que assistiu à apresentação do mágico está rindo e se divertindo. Por que isso aconteceu?

_____
_____
_____

7 Em uma história em quadrinhos, podem ser usados diversos tipos de balão. Recorte os balões da página 255 e cole-os de acordo com a indicação abaixo.

Balão de fala	Balão de pensamento	Balão de fala de mais de um personagem
Voz baixa ou cochicho	Voz alta ou grito	Balão de música ou personagem cantando

Letras g e j

1 Use **ja**, **je**, **ji**, **jo** ou **ju** para completar as palavras e, depois, reescreva-as.

a) ____boia _____

b) ____rimum _____

c) ca____ _____

d) ____mento _____

e) cora____so _____

f) can____ca _____

g) ____ca _____

h) ____nela _____

2 Use as sílabas do quadro para escrever o nome das imagens.

| ni | pe | gi | fa | je | pa | gem | po | ra | va | ji |

a)

b)

c)

d)

3 Indique a sílaba tônica das palavras da atividade anterior.

a) ____   b) ____   c) ____   d) ____

4 Separe as palavras em sílabas e escreva a sílaba tônica.

a) jiboia _____ ☐

b) tangerina _____ ☐

c) geleia _____ ☐

d) jejum _____ ☐

e) geral _____ ☐

f) gente _____ ☐

g) laranjeira _____ ☐

5 Junte as sílabas das mesmas cores e forme palavras.

| la | vi | ge | te | in | gi | ran | nás | a | te |
| dei | te | ti | ja | li | la | jan | ra | gen | ca |

_____

_____

6 Complete as palavras com **g** ou **j**. Depois reescreva as frases.

a) O ____ipe entrou na gara____em.

_____

b) A ____eladeira está cheia de ____elo.

_____

c) O ____irassol está entre a folha____em.

_____

d) A____eitei minha mala para a via____em.

_____

Til

Leia as palavras.

leão pão mamão

O sinal que está sobre a letra **a** das palavras **leão**, **pão** e **mamão** tem o nome de **til** (~).

> Nós colocamos o **til** (~) sobre as vogais **a** e **o** para indicar um som nasal, isto é, um som que sai parte pela boca e parte pelo nariz.

ATIVIDADES

1 Circule as palavras que têm **til** (~).

Mamãe	balanço	pavão	feijão	capitão
pavio	varal	cama	manhã	

2 Copie as palavras que você circulou na atividade anterior.

_____

_____

3 Escreva a letra que falta para completar o nome das imagens.

a) bot____o

c) mel____o

e) fog____o

b) avi____o

d) viol____o

f) pi____o

4 Separe em sílabas estas palavras.

a) estimação
_____

b) compaixão
_____

c) calção
_____

d) gavião
_____

e) macacão
_____

f) coração
_____

5 Ordene as sílabas, escreva a palavra e indique o total de sílabas.

a) ção can _____ _____

b) go dão al _____ _____

c) nhão pi _____ _____

6 Reescreva as frases colocando o til onde é necessário.

a) Havia uma ra no chao do quintal.
_____

b) Gosto de suco de mamao com maça.
_____

c) Ele sujou a mao com o carvao.
_____

d) Amarre bem o cordao do blusao.
_____

e) Tornar-se campea deu-lhe grande emoçao.
_____

7 Complete o diagrama com o nome das imagens.

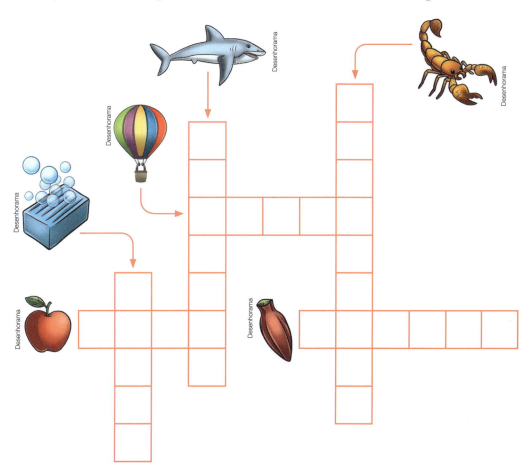

BRINCANDO

1 Pinte somente os elementos que são escritos com a letra **g**.

Leia o título, observe o texto e as ilustrações. Você acha que esse texto conta uma história? Por quê?

Acompanhe a leitura do professor.

O biscoito mágico

Resultado

Atenção, este truque também é uma brincadeira! Com um pouco de teatro, e muito senso de humor, você poderá comer um biscoito escondido sem encostar no chapéu onde o biscoito está, fazendo uma gozação com as outras pessoas.

Você vai precisar de

- Um chapéu.
- Um biscoito.
- Um voluntário.

Grau de dificuldade
Fácil!

1. Conte ao público que você é capaz de comer um biscoito que alguém colocou sob seu chapéu sem tocar nele um minuto sequer.
2. Diga ao público: "Vocês acham que é impossível? Pois vou mostrar a vocês".
3. Peça a um voluntário que se aproxime da mesa e fique olhando você bem de perto.
4. Quando o voluntário estiver a seu lado, peça que ele mesmo esconda o biscoito embaixo do seu chapéu. E que antes de você mostrar seus poderes, ele comprove, se quiser, que o chapéu não tem "nada de errado".
5. Quando tiver deixado o biscoito sob o chapéu, diga algumas palavras mágicas.

> **As palavras mágicas**
> Você pode dizer o que quiser, mas temos algumas sugestões: "Abracadabra, pata de cabra. Este biscoito que quieto está virá à minha boca sem ninguém tocar. Abracadabra, pata de cabra".

6. Enquanto diz essas palavras, finja que está comendo o biscoito: faça barulhinhos, mastigue e diga: "Hum, que delícia!".
7. Diga ao voluntário: "Por favor, você pode levantar meu chapéu para ver se eu comi o biscoito?".
8. Quando ele o levantar, o biscoito continuará ali. Então, você o pega rapidamente e come, enquanto diz: "Comi o biscoito sem tocar no meu chapéu, como prometi. Sou um bom mágico, não?".

Monica Alves. *Meus primeiros truques de mágica*. Barueri: Girassol, 2017. p. 42-45.

BRINCANDO COM O TEXTO

1 Marque um **X** na resposta correta.

O texto "O biscoito mágico" foi escrito para:

☐ apresentar uma receita de biscoito.

☐ ensinar um truque de mágica.

☐ encenar uma apresentação de teatro.

> Os textos que ensinam a realizar uma tarefa são chamados de **textos instrucionais**. As receitas, os guias, os mapas e as instruções de brincadeiras, de jogos e de montagens são alguns exemplos.

2 Qual é o resultado esperado?

_____

_____

3 Que parte do texto indica o que é necessário para realizar a tarefa? Pinte.

| Grau de dificuldade | As palavras mágicas | Você vai precisar de |

4 Converse com os colegas sobre a parte do texto que ensina o truque de mágica.

a) Por que ela é numerada?

_____

_____

b) Nessa parte, há palavras que indicam as ações a serem realizadas. Que palavras são essas?

_____

_____

5 Releia a instrução número 2.

2. Diga ao público: "Vocês acham que é impossível? Pois vou mostrar a vocês".

a) Que sinal de pontuação é usado para fazer uma pergunta?

_____

b) Que sinal é usado para indicar o que deve ser falado ao público?

_____

6 Releia a primeira instrução.

1. Conte ao público que você é capaz de comer um biscoito que alguém colocou sob seu chapéu sem tocar nele um minuto sequer.

a) Para realizar a primeira instrução, você pode se apresentar ao público e dizer, por exemplo: "Querido público, vou fazer um truque de mágica. Sou capaz de comer um biscoito sem tocar nele um minuto sequer".

b) Ensaie com um colega o truque de mágica apresentado no texto.

Lembre-se das dicas:

- Faça teatro.
- Tenha senso de humor.

c) Depois de ensaiar, faça essa brincadeira para seus familiares ou amigos.

ATIVIDADES

1 Coloque a **cedilha** (¸) e o **til** (~) onde eles forem necessários.

a)
maca

c)
gaviao

e)
coracao

b)
acucar

d)
crianca

f)
leao

2 Complete as palavras com **m** ou **n**.

a) bala____ça

b) marro____

c) bo____beiro

d) ca____po

e) vo____tade

f) ca____tor

g) co____te____te

h) co____padre

i) bra____co

j) sobra____celha

3 Sublinhe a sílaba tônica de cada palavra.

a) lâmpada

b) colega

c) capim

d) salada

e) máscara

f) madeira

g) hotel

h) cenoura

i) abacaxi

j) funil

k) médico

l) dentista

m) verdura

n) cantor

o) amizade

4 Classifique os nomes de acordo com a legenda.

| A | substantivo próprio | B | substantivo comum |

- ☐ Macapá
- ☐ aluno
- ☐ boi
- ☐ Mércia
- ☐ Casa das Tintas
- ☐ Teca (a cachorra)
- ☐ caminhão
- ☐ Colômbia
- ☐ escola
- ☐ colega
- ☐ Milton
- ☐ lírio (a flor)

5 Escreva o que se pede.

a) camundongo (número de sílabas) _____

b) caixa (encontro vocálico) _____

c) estrela (encontro consonantal) _____

d) salada (sílaba tônica) _____

e) morango (aumentativo) _____

6 Reescreva as frases substituindo as imagens pelo nome delas.

a) Uma 🐝 entrou pela janela.

_____

b) Plantei o caroço do 🥑.

_____

c) Liriana deu uma 🌸 ao colega.

_____

1 O professor organizará um **bingo de palavras** com a turma. Ouça as orientações e boa diversão!

Recontar uma tirinha

Vamos contar uma história com base nos quadrinhos?

Planejar

1. Para começar, observe atentamente cada quadrinho da tirinha que está na página seguinte.
2. Tente entender que história se passa com os personagens. As perguntas a seguir podem ajudá-lo nessa interpretação. Responda oralmente:

> - Que personagens aparecem no primeiro quadrinho?
> - O que eles estão fazendo?
> - O que acontece no segundo quadrinho?
> - Como a história termina?
> - O que faz com que a tirinha seja engraçada?
> - Que título você daria para ela?

Produzir

1. Use as linhas ao lado da tirinha para criar sua própria história baseada nos quadrinhos.
2. Você também pode criar balões de fala e de pensamento para as personagens.

Reler, revisar e editar

1. Releia seu texto. Depois, mostre-o para o professor e um colega. Eles gostaram da sua história?
2. Se precisar, faça correções no texto.

Compartilhar

1. No dia combinado, compartilhe sua história com a turma.

UNIDADE 8

TEXTO 1

Leia o título do texto. O que ele indica?

A cigarra e a formiga

Há milhares de anos, viveu uma frondosa figueira, que dava frutos suculentos, sombra e abrigo para inúmeros animais.

Entre os moradores dessa generosa árvore estavam uma colônia de formigas e uma cigarra.

Era verão, o sol ardia, o ar estava quente e a brisa dormia profundamente.

A cigarra ia de galho em galho cantando. Ela cantava sem parar, com alegria e sem preocupações. As formigas andavam para lá e para cá, inquietas e apressadas, carregando folhas maiores e mais pesadas que o próprio corpo.

— Ei, vizinha formiga, por que andam por aí sem parar, sempre carregando algo? – perguntou a cigarra a uma das formigas.

— Que pergunta! Esse é nosso trabalho. Somos responsáveis por alimentar todo o formigueiro.

— Descanse um pouco e venha aprender a cantar ou a tocar um instrumento. Posso ensiná-la!

— Ora, não posso perder tempo cantando ou tocando música... Preciso ir, vou buscar mais comida.

O verão se foi devagar... O inverno despontou e trouxe consigo frio e gelo. Nos caminhos, nas árvores ou nas matas, quase não se via ser vivo.

A cigarra sentia fome há dias. Estava fraca e agora o único som que dela se ouvia era o ronco de seu estômago. Ela, então, se lembrou das formigas e dos alimentos que estocaram.

Bateu à porta do formigueiro. Foi atendida pela formiga com a qual conversara meses antes:

– Olá, amiga, se lembra de mim? – perguntou a cigarra.

– Sim, claro! O que deseja?

– Gostaria que me desse algo para comer. Há semanas não entra nada na minha barriga! Sinto-me fraca e tonta. Posso cantar para vocês como agradecimento...

– Ora, mas você não guardou comida para o inverno?

– Não guardei, pois tinha que cantar.

– Se você passou o verão cantando, por que não passa o inverno dançando? – disse a formiga, e voltou a trabalhar.

É preciso viver o presente, mas também pensar no futuro.

Fábula recontada pela autora.

BRINCANDO COM O TEXTO

1 Ligue as palavras a seguir a seus sinônimos, de acordo com o contexto.

a) frondoso   surgir

b) suculento   gostoso

c) generoso   proteção

d) abrigo   cheio de folhas

e) inquieto   bondoso

f) despontar   barulho

g) ronco surgir   agitado

2 O texto *A cigarra e a formiga* é:

☐ uma fábula.   ☐ um conto de fadas.   ☐ um poema.

> **Fábula** é uma história que transmite um ensinamento. Os personagens são geralmente animais que representam tipos humanos.

3 Assinale as respostas corretas.

a) A cigarra cantava:

☐ com alegria.

☐ com preocupações.

b) As formigas eram:

☐ inquietas e apressadas.

☐ serenas e lentas.

Responda oralmente às questões 4, 5 e 6.

4 O texto afirma que as formigas andavam "pra lá e pra cá" o tempo todo. Por quê?

5 Por que as formigas se preocupavam em guardar comida?

6 O que você acha da atitude das formigas? E da atitude da cigarra?

7 Releia o trecho a seguir.

– **Que pergunta**! Esse é nosso trabalho. Somos responsáveis por alimentar todo o formigueiro.

Assinale a alternativa correta.

☐ A expressão destacada indica que a formiga ficou contente com a pergunta da cigarra.

☐ A expressão destacada indica que a formiga ficou surpresa com a pergunta da cigarra.

8 Por que a cigarra não guardou comida para o inverno?

_____

9 Releia a resposta da formiga para a cigarra e explique-a com suas palavras.

– Se você passou o verão cantando, por que não passa o inverno dançando? – disse a formiga, e voltou a trabalhar.

ORTOGRAFIA

Letras nh

1 Complete as palavras com **nha** ou **nho** e reescreva-as.

a) mi____ca

b) so____dor

c) ni____

d) dese____

e) mi____

f) ba____

2 Junte as sílabas, forme palavras e destaque a sílaba tônica.

a) li | nha _____

b) ca | ri | nho _____

c) nho | que _____

d) ma | nha _____

e) ca | mi | nho _____

3 Separe em sílabas as palavras a seguir.

a) pinheiro _____

b) cordeiro _____

c) marinheiro _____

d) companheiro _____

4 Reescreva as frases substituindo as imagens pelo nome delas.

a) O 🐦 saiu do 🪺.

_____

b) A 🐞 pousou na 🧵.

_____

c) A 🐔 e o 🐥 são animais.

_____

GRAMÁTICA

Substantivo: diminutivo

Leia as palavras.

cas**inha**

porqu**inho**

cachorr**inho**

Para indicar que algo é pequeno, usamos o **diminutivo**.

Casinha é a palavra **casa** no **diminutivo**.
Porquinho é o **diminutivo** de **porco**.
Cachorrinho é o **diminutivo** de **cachorro**.

ATIVIDADES

1 Complete as palavras com **nha** ou **nho** para formar o diminutivo.

a) sapi____

b) gati____

c) peixi____

d) janeli____

e) sapati____

f) escadi____

g) boli____

h) planti____

i) menini____

j) casi____

k) narizi____

l) animalzi____

2 Escreva o diminutivo das palavras.

a) caixa _____

b) garoto _____

c) carro _____

d) letra _____

e) urso _____

f) copo _____

3 Encontre o diminutivo das palavras do quadro no diagrama.

- colega
- animal
- boca

L	K	R	P	O	I	U	T	R	Q	B	I
A	N	I	M	A	L	Z	I	N	H	O	T
O	Z	Z	N	H	O	T	H	K	C	Q	L
T	W	I	T	P	R	G	E	D	X	U	A
C	B	N	R	E	K	N	L	T	G	I	O
D	C	H	V	R	I	H	F	M	H	N	R
Z	F	O	L	P	R	A	P	I	U	H	H
B	C	O	L	E	G	U	I	N	H	A	I

4 Escreva o nome das imagens no diminutivo.

a) _____

b) _____

c)  _____

d)  _____

e)  _____

f) _____

Bilhete

O bilhete é uma forma rápida de nos comunicarmos com alguém por escrito. Nesta atividade você vai treinar a escrita de alguns bilhetes.

Planejar

1. Leia o bilhete de Gilvan para a amiga, Yoko.

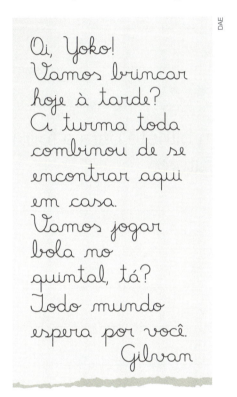

Oi, Yoko!
Vamos brincar hoje à tarde? A turma toda combinou de se encontrar aqui em casa. Vamos jogar bola no quintal, tá? Todo mundo espera por você.
Gilvan

- O **destinatário** é quem recebe o bilhete. O nome dele deve ser colocado no começo do texto, na primeira parte.
- O **assunto** é o convite, ou seja, o texto com todas as informações necessárias. Ele é escrito no meio, na segunda parte.
- O **remetente** é quem escreve e manda o bilhete, no caso, você.
2. Seu nome deve ser escrito embaixo de tudo, na terceira parte.

Produzir

1. Releia a moral da fábula do **Texto 1**.
É preciso viver o presente, mas também pensar no futuro.

a) Escreva um bilhete para a cigarra aconselhando-a a colocar em prática o ensinamento da fábula.

_____
_____
_____
_____
_____

b) Escreva, agora, um bilhete para a formiga incentivando-a a ser mais solidária no futuro.

_____
_____
_____
_____
_____

Reler, revisar e editar

1. Releia seus bilhetes. Verifique se você:
- escreveu o nome dos destinatários;
- deu conselhos para a cigarra e a formiga;
- colocou seu nome ao final dos bilhetes.

2. Troque seu livro com o de um colega. Peça a ele que leia seus bilhetes e faça sugestões para melhorá-lo.

3. Quando receber seu livro de volta, corrija o que achar necessário.

 **TEXTO 2**

Leia o título. Quem serão os personagens da história que o professor vai ler?

Acompanhe a leitura do texto.

A raposa e o tatu

O tatu, que costuma vagar à noite pelos pampas da Argentina, remexendo formigueiros e cupinzeiros, encontrou-se, em plena luz do dia, com uma raposa magra e faminta.

A dona do rabo felpudo, espantada com a boa aparência do cavador de buracos, perguntou-lhe:

– Puxa, amigo, como você engordou! Onde é que tem conseguido comida?

– É fácil – respondeu o tatu, sacudindo a couraça. – Venha que eu vou lhe ensinar.

Logo adiante, o tatu deitou-se na estrada de terra que levava a uma aldeia, fingindo-se de morto, enquanto a raposa se escondia no mato.

Pouco depois, apareceu uma velha camponesa com um cesto cheio de espigas de milho à cabeça. A mulher, ao ver o tatu estirado no chão, encolhido como uma bola de couro, alegrou-se toda:

– Vai dar uma sopa saborosa – disse ela, jogando o bichinho dentro do cesto.

O tatu, em pouco tempo, devorou boa parte da carga. De vez em quando, jogava alguns grãos para a esfomeada raposa.

Antes de chegarem à aldeia, o tatu segurou-se no galho de uma árvore e saltou do cesto, com a barriga estufada de tanto comer.

– Eu não falei que era fácil? – gabou-se.

No outro dia, a raposa resolveu imitar o tatu. Estendeu-se no meio do caminho, imóvel, com as patas viradas para o alto, e ficou aguardando a passagem da mulher.

Mas a velha, zangada por ter sido enganada pelo tatu, desta vez apareceu com um pedaço de pau na mão:

– Pensa que eu vou cair no truque de novo? Toma! Toma! Seu malandro! – gritava, distribuindo bordoadas a torto e a direito no lombo da raposa.

Depois da surra que levou, a raposa nunca mais quis saber dos conselhos do tatu.

Rogério Andrade Barbosa. *Lendas e fábulas dos bichos de nossa América*. São Paulo: Melhoramentos, 2005. p. 9-10. (Série Conte Outra Vez).

BRINCANDO COM O TEXTO

1 O tatu costuma procurar alimentos durante:

☐ a manhã.   ☐ a tarde.   ☐ a noite.

2 Os alimentos que o tatu procura são:

☐ flores e folhas.   ☐ formigas e cupins.   ☐ aves e peixes.

3 A raposa espantou-se ao ver o tatu porque ele estava:

☐ mais alto.   ☐ mais peludo.   ☐ mais gordo.

4 Qual era o truque do tatu para conseguir alimento?

_____
_____
_____

5 Como o tatu saiu da cesta da camponesa?

_____
_____
_____

6 A raposa teve sucesso ao usar o mesmo truque que o tatu? O que aconteceu?

_____
_____
_____
_____

Reconto de fábula

1. Reconte oralmente a história "A raposa e o tatu" para um colega, e, depois, para uma pessoa da sua família.

Lendas e fábulas

Lendas são histórias que contam eventos de causas desconhecidas ou que pretendem explicar fatos históricos por meio da poesia e da imaginação popular. Povos de diferentes lugares têm lendas que explicam, por exemplo, o surgimento do mundo. As lendas são transmitidas oralmente de geração em geração.

Já as fábulas são histórias em que quase sempre os personagens são animais que vivenciam situações como se fossem seres humanos.

O objetivo é transmitir uma "lição de moral", que pode ou não estar resumida em uma frase ao final da história.

1. Pesquise lendas e fábulas e escreva um resumo de uma delas nas linhas abaixo. Depois leia-o para os colegas.

_____
_____
_____
_____
_____

ORTOGRAFIA

Letras as, es, is, os, us

1 Complete o nome das imagens com **as**, **es**, **is**, **os** ou **us** e depois reescreva-os.

a)

láp____

_____

c)

____cova

_____

e)

p____ta

_____

b)

m____ca

_____

d)

c____ta

_____

f)

c____cuz

_____

2 Junte as sílabas do quadro de acordo com os números e escreva as palavras a seguir.

| 1 cas | 2 pis | 3 ra | 4 ta | 5 ves |
| 6 tu | 7 ti | 8 ca | 9 cos | 10 do |

a) 1 e 8: _____

b) 2 e 4: _____

c) 9, 6 e 3: _____

d) 5, 7 e 10: _____

3 Separe as palavras em sílabas e indique a sílaba tônica.

a) costela _____

b) estojo _____

c) esteira _____

d) pescador _____

4 Sublinhe a sílaba tônica das palavras abaixo.

a) cascata   d) pesca   g) costura

b) cuscuz   e) vestido   h) pista

c) festa   f) rasgo

PEQUENO CIDADÃO

De onde vem a energia para funcionar?

Alguma vez você já parou para pensar como os equipamentos eletrônicos funcionam?

Todo aparelho precisa de uma fonte de energia. Há diferentes fontes de energia, mas as mais comuns são a elétrica e a que vem de baterias no interior desses equipamentos.

As baterias precisam ser recarregadas de tempos em tempos para que continuem funcionando.

1 Que equipamentos de sua casa precisam de bateria?

2 Quais desses equipamentos você utiliza?

3 Você sabe como devem ser descartadas as baterias que não são mais utilizadas? Converse com os colegas.

BRINCANDO

1. Que tal montar um **saco de histórias**? Depois de pronto, siga as orientações do professor e solte a imaginação!

Material:
- saco de tecido ou outro material que não seja transparente;
- pedaços de papelão;
- imagens;
- palavras;
- tesoura;
- cola.

Como fazer
1. Recorte de revistas quatro figuras e quatro palavras que você considere interessantes.
2. Cole cada uma delas em um pedaço de papelão.
3. Coloque-as dentro do saco de histórias e divirta-se!

UNIDADE 9

TEXTO 1

Veja o brinquedo mostrado na ilustração. Como ele é chamado no lugar onde você mora?

Anselmo, a pipa e o balão

Logo que saiu de casa, percebeu que o vento estava agitado. [...] As roupas no varal dançavam para lá e para cá...

— Hoje, a minha pipa vai voar tão longe que talvez até alcance o balão do vovô Alfredo.

[...]

Anselmo correu, correu...

Quanto mais corria, mais o vento espalhava os seus cabelos.

Até que, lá na frente, já cansado, rolou pela grama.

Aquele era o lugar perfeito para empinar pipa e voar com ela, sem sair do chão. [...]

Alessandra Tozi. *Anselmo, a pipa e o balão*. São Paulo: Salesiana, 2006. p. 7 e 10.

BRINCANDO COM O TEXTO

1 Logo que saiu de casa, como Anselmo percebeu que o vento estava agitado?

_____
_____

2 Releia o trecho a seguir:

Quanto mais corria, mais o vento espalhava os seus cabelos.

- De quem era o cabelo que o vento espalhava?

_____
_____

3 Onde você imagina que Anselmo estava empinando sua pipa?

_____
_____

4 O que quer dizer "voar com ela, sem sair do chão"?

_____
_____

5 Você já empinou pipa? Se sim, conte sua experiência aos colegas. Se não, escolha outra brincadeira que faz você se sentir livre e registre-a aqui.

_____
_____
_____
_____

ATIVIDADES

1 Use vogais ou consoantes, maiúsculas ou minúsculas, para completar estes nomes.

a) _____aniela d) _____elão g) _____rasil

b) _____ergipe e) _____anela h) _____ocotó

c) _____umano f) _____miguinho i) _____onaldo

2 Separe as palavras da atividade 1 nas colunas adequadas.

Substantivo próprio	Substantivo comum

3 Reescreva as frases substituindo as imagens pelo nome delas.

a) Celina comprou um lindo.

_____

b) Preparei um purê de  .

_____

c) Este  está uma delícia!

_____

4 Escreva o nome das imagens no diminutivo.

a) _____

b) _____

c) _____

d) _____

e) _____

f) _____

5 Reescreva as frases passando as palavras destacadas para o diminutivo.

a) O **menino** comeu um **chocolate**.

_____

b) **Paula** ouviu música com o **amigo**.

_____

c) A **capivara** entrou no **rio**.

_____

d) O **homem** se sentou ao lado da **colega**.

_____

6 Reescreva as palavras usando a cedilha (¸) e o til (~) quando for necessário.

a) pao _____

c) mamao _____

e) maca _____

b) acucar _____

d) coracao _____

f) crianca _____

7 Separe as palavras a seguir em sílabas.

a) claridade

b) brilhante

c) barulho

d) vizinho

e) trilho

f) minhoca

8 Escreva o aumentativo destas palavras.

a) barraca _____

b) parede _____

c) garoto _____

d) sorvete _____

e) cachorro _____

f) barulho _____

 **BRINCANDO**

1 Encontre no quarto os objetos perdidos indicados no quadro abaixo e pinte-os.

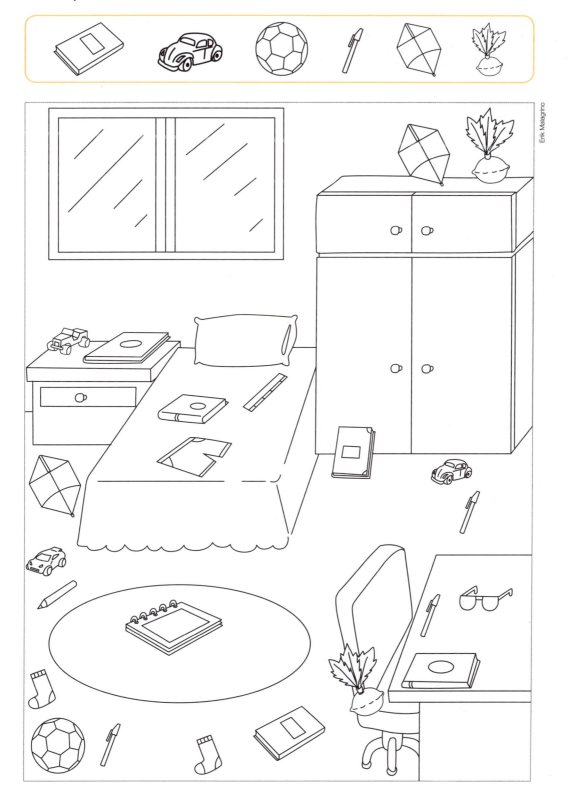

 **TEXTO 2**

Você acha que podemos soltar pipa em qualquer lugar? Por quê? Acompanhe a leitura do texto.

CUIDADOS AO SOLTAR PIPAS

Divirta-se com segurança

> Nunca use linhas com fio de cobre ou cerol, pois podem cortar e causar acidentes. As linhas de algodão são as mais seguras

> Não solte pipas perto de fios ou antenas para evitar choques elétricos

> Em dias chuvosos ou em caso de relâmpagos não solte pipas

> Não retire pipas presas em fios de transmissão de eletricidade ou árvores

> Evite soltar pipas nas lajes, telhados ou lugares sem proteção. Procure locais abertos como parques, praças ou campos de futebol

> Olhe bem onde pisa, especialmente quando andar para trás, para não cair

> É aconselhado usar luvas para não machucar as mãos

FONTE: Defesa Civil

INFOGRAFFO

Cartaz de campanha realizada pela Defesa Civil. Disponível em: https://leianoticias.com.br/botucatu/defesa-civil-orienta-sobre-os-cuidados-ao-soltar-pipas/. Acesso em: 20 abr. 2020.

 **BRINCANDO COM O TEXTO**

1 O texto que você leu foi escrito para:

☐ ensinar a confeccionar uma pipa.

☐ apresentar dicas para empinar pipa com segurança.

☐ contar a história de um menino que gostava de brincar de pipa.

Responda oralmente às questões 2 e 3.

2 Quantas dicas o texto apresenta?

3 Você acha que a ilustração combina com o texto? Por quê?

4 Qual é o tipo de linha mais segura para empinar pipa? Pinte.

| linhas com fio de cobre ou cerol | linhas de algodão |

5 Responda de acordo com o texto.

a) Por que não se pode soltar pipa perto de fios ou antenas?

_____

b) O que podemos fazer para não machucar as mãos ao soltar pipa?

_____

6 Marque **sim** ou **não**.

Podemos soltar pipas em dias chuvosos? ☐ Sim. ☐ Não.

Podemos retirar pipas presas em árvores? ☐ Sim. ☐ Não.

Podemos empinar pipa em campos de futebol? ☐ Sim. ☐ Não.

ORTOGRAFIA

Letras ch

1 Copie as palavras substituindo o símbolo adequadamente.

| 🌱 cha | ⚽ che | 🌸 chi | 🍆 cho | 🐟 chu |

a) 🌸 cote _____

b) 🍆 calho _____

c) ca ⚽ col _____

d) bo ⚽ 🌱 _____

e) 🌱 ve _____

f) boli ⚽ _____

g) mo 🌸 la _____

h) 🐟 🐟 _____

i) 🌱 pada _____

j) co 🌸 🍆 _____

k) 🐟 veiro _____

l) 🐟 peta _____

2 Separe as palavras em sílabas e indique o número de sílabas.

a) chamada _____ ☐

b) chaleira _____ ☐

c) chuva _____ ☐

d) chute _____ ☐

e) recheado _____ ☐

f) chiado _____ ☐

g) boliche _____ ☐

3 Ordene as sílabas a seguir e escreva as palavras.

a) cha | fe | do

_____

b) vei | chu | ro

_____

c) ca | chá | ra

_____

d) la | cha | bo

_____

e) re | char | te

_____

f) vis | chu | co

_____

g) có | chi | ria

_____

h) cha | fe | du | ra

_____

4 Escreva o nome das imagens separando-o em sílabas.

a)

b)

c)

d)

_____ _____ _____ _____

5 Encontre as palavras do quadro no diagrama.

- chave
- chifre
- choque
- chuchu

B	C	K	L	Q	P	C	K
C	H	A	V	E	J	H	L
G	U	J	M	S	U	I	F
T	C	C	N	D	R	F	O
V	H	H	O	F	T	R	C
D	U	G	P	C	H	E	W
F	C	H	O	Q	U	E	A

Substantivo: masculino e feminino

Leia os exemplos.

O menin**o**
Um menin**o**

A menin**a**
Um**a** menin**a**

As palavras podem ser **masculinas** ou **femininas**.
Nomes de animais, coisas, objetos e pessoas podem ser **masculinos** ou **femininos**, dependendo do que vier antes deles: **o**, **um**, **a** ou **uma**.

> Antes da palavra **menino**, podemos colocar **o** ou **um**.

A palavra **menino** está no **masculino**.
Outros exemplos: o livro, um livro; o bolo, um bolo.

> Antes da palavra **menina**, podemos colocar **a** ou **uma**.

A palavra **menina** está no **feminino**.
Outros exemplos: a folha, uma folha; a bola, uma bola.

ATIVIDADES

1 Assinale somente as palavras masculinas.

☐ pato ☐ garoto ☐ papel

☐ vaca ☐ ganso ☐ mesa

☐ flor ☐ escola ☐ dominó

2 Escreva **o** antes das palavras masculinas ou **a** antes das palavras femininas.

a) ____ boneca f) ____ bola k) ____ escada

b) ____ bombom g) ____ biscoito l) ____ laranja

c) ____ calça h) ____ café m) ____ brincadeira

d) ____ chapéu i) ____ chinelo n) ____ peteca

e) ____ telefone j) ____ parede o) ____ martelo

3 Escreva o nome de cada imagem acrescentando **um** ou **uma** antes dele.

a) _____

c) _____

e) _____

b) _____

d) _____

f) _____

4 Escreva no feminino as palavras a seguir.

a) o padrinho _____

b) o rei _____

c) o ator _____

d) o juiz _____

e) o cantor _____

f) o príncipe _____

5 Reescreva as frases mudando as palavras destacadas para o masculino. Faça as adaptações necessárias.

a) As **ovelhas** e as **vacas** estão no pasto.
_____

b) **Marcela** ganhou uma **priminha**.
_____

c) A **médica** e a **enfermeira** estão no quarto.
_____

6 Escreva as palavras a seguir no masculino.

a) a cabra _____

b) a galinha _____

c) a leoa _____

BRINCANDO COM A CRIATIVIDADE

Cartaz

Vamos criar um cartaz com dicas de segurança para quem gosta de soltar pipa?

Planejar

1. Para começar, veja o cartaz a seguir e responda às questões oralmente com os colegas.

Cartaz de campanha realizada pela Prefeitura Municipal de Potim. Disponível em: https://potim.sp.gov.br/solte-pipas-com-seguranca/. Acesso em: 12 maio 2020.

- O que aparece ilustrado no cartaz?
- Quais palavras aparecem em destaque?
- Que órgão é responsável pela divulgação do cartaz?
- O que mais chama a atenção no cartaz: a ilustração ou o texto?
- O texto do cartaz é muito extenso?

2. Agora, planeje com a turma como poderá ser o cartaz.
- Quais dicas vocês consideram mais importantes?
- Onde o cartaz será colocado?
- Que tamanho ele vai ter?
- Que tipo de letra vocês vão utilizar?
- Que tal fazer um cartaz em formato de pipa?

Produzir

1. No espaço abaixo, faça um rascunho de como você imagina o cartaz.

Reler, revisar e editar

1. Mostre aos colegas a sua ideia. Decidam coletivamente como reunir as ideias de todos para compor o cartaz final.

2. Leiam, revisem e passem o cartaz a limpo, no suporte que vocês escolheram para apresentá-lo.

Compartilhar

1. O cartaz poderá ser exposto em um local da escola onde todos possam observá-lo.

UNIDADE 10

 **TEXTO 1**

Observe o final de cada linha do texto. O que chama a sua atenção?

Jeito de ser

Se você fosse uma casa, que tipo de casa gostaria de ser?
Uma casa bem grande, com lugar pra muita gente?
Uma casa pequena lá no alto da serra?
Uma casa alegre, com bichos e plantas?
Uma casa bem gostosa, com jardim e quintal?
Uma casa antiga, com lareira e chaminé?
Uma casa de pau a pique, uma casa de sapê?
[...]
Mas se você não é: nem casa, nem bicho, nem pedra, nem árvore, nem rio, nem flor, nem carta... Se você é gente, gente como eu...
Então, que tipo de gente gostaria de ser?

Nye Ribeiro. *Jeito de ser*. São Paulo: Editora do Brasil, 2013. p. 4-5 e 22-23.

BRINCANDO COM O TEXTO

1 O que o autor do texto pergunta a você?

_____

_____

2 Quais são as opções que o texto lhe deu? Circule-as no texto e escreva-as.

_____

_____

3 Relacione de acordo com o texto.

a) Casa bem grande   Com lareira e chaminé

b) Casa pequena   No alto da serra

c) Casa alegre   Com jardim e quintal

d) Casa bem gostosa   Pra muita gente

e) Casa antiga   Com bichos e plantas

4 E aí, se você fosse uma casa, que tipo de casa gostaria de ser? Por quê?

_____

_____

5 E que tipo de gente você é? O que gosta de fazer? De comer?

_____

_____

6 Pesquise no dicionário o significado das palavras indicadas nos quadros. Depois, pesquise em revistas e jornais imagens das palavras, recorte-as e cole-as nos espaços a seguir.

Casa de pau a pique:

Chaminé:

Casa de sapê:

Lareira:

GRAMÁTICA

Substantivo: singular e plural

Leia as palavras.

a caneta   as canetas

As palavras podem estar no singular ou no plural.

> Estão no **singular** os substantivos que indicam uma só coisa, um só elemento.

O exemplo **a caneta** está no singular.

> Estão no **plural** os substantivos que indicam duas ou mais coisas.

O exemplo **as canetas** está no plural.

Para formar o plural, geralmente acrescenta-se um **s** ao fim das palavras:

- mesa – mesa**s**   • olho – olho**s**

Outras palavras formam o plural de modo diferente, com modificações no final:

home**m** – home**ns**   farol – faró**is**   cana**l** – cana**is**
bal**ão** – bal**ões**   nariz – nariz**es**   ane**l** – ané**is**
mês – mes**es**   amo**r** – amor**es**   paste**l** – pasté**is**
barri**l** – barr**is**   cão – c**ães**

ATIVIDADES

1 Escreva o nome das imagens no plural.

a)
_____

c)
_____

e)
_____

b)
_____

d)
_____

f)
_____

2 Escreva as palavras a seguir no plural.

a) a casa _____
b) o menino _____
c) a cadeira _____
d) a mesa _____
e) o pato _____
f) o sapato _____

3 Complete o quadro com o plural das palavras.

Plural em ns		Plural em es	
bom		vez	
trem		voz	
imagem		camponês	
jardim		freguês	
nuvem		flor	

4 Faça como no exemplo.

> um cordão – uns cordões

a) um melão _____

b) um fogão _____

c) um gavião _____

d) um pulmão _____

e) um botão _____

f) um balão _____

5 Complete as palavras com o plural adequado.

a) canal – cana____

b) anel – ané____

c) hotel – hoté____

d) anzol – anzó____

e) pardal – parda____

f) papel – papé____

g) farol – faró____

h) caracol – caracó____

6 Complete as frases com o plural dos substantivos entre parênteses.

a) As _____ e as _____ estão bonitas. (flor, árvore)

b) Os _____ são os melhores _____ dos _____. (cão, amigo, homem)

c) Os _____ estão nos _____. (avião, aeroporto)

d) As frutas maduras são os _____, as _____, os _____ e os _____. (mamão, maçã, melão, cajá)

 **BRINCANDO**

1 Vamos aprender a fazer a dobradura de uma casa?

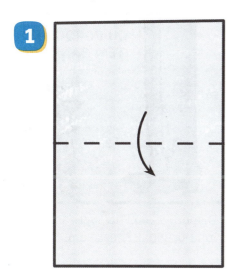

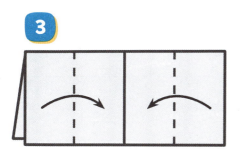
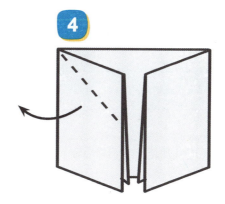

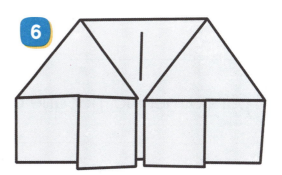

 **TEXTO 2**

Observe o texto. Que nomes recebem os textos como esse?

Alexandre Beck. *Armandinho*. Disponível em: http://tirasarmandinho.tumblr.com/post/138346695944/tirinha-original. Acesso em: 12 maio 2020.

 **BRINCANDO COM O TEXTO**

1 Quem são os personagens da tirinha?
_____
_____

2 Quantos quadrinhos há nessa tirinha?

☐ 3 ☐ 4 ☐ 5

3 Segundo o pai do personagem, por que nenhum passarinho chegou perto da casinha?
_____
_____

4 E para o menino, por que os passarinhos não foram à casinha?
_____
_____

5 Responda oralmente:

a) Você já viu uma casa de passarinho ou de outros animais? Essas casas costumam ter banheiro?

b) Em sua opinião, é possível morar em uma casa sem banheiro?

6 Copie do texto as palavras que estão no diminutivo.

_____

7 Pesquise o nome de cada ave abaixo e escreva-o.

a)

c)
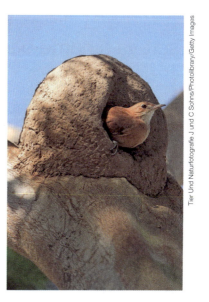

b)

d)

ORTOGRAFIA

Palavras com gu ou qu

1 Complete as palavras com **gua**, **gue** ou **gui**.

a) _____ raná   d) á _____   g) _____ che

b) pre _____ ça   e) lín _____   h) fo _____ ira

c) açou _____   f) san _____   i) _____ a

2 Escreva o nome das imagens.

a) _____   c) _____   e) _____

b) _____   d) _____   f) _____

3 Junte as sílabas e escreva as palavras. Depois, indique a sílaba tônica.

a) é-gua   _____

b) es-gui-cho   _____

c) guer-ra   _____

d) lé-gua   _____

e) ban-gue-la   _____

4 Complete o nome das imagens com **qua**, **que** ou **qui**.

a) _____be

b) a_____rio

c) le_____

d) _____tro

e) _____ijo

f) _____abo

5 Complete as palavras do quadro.

qua	que	qui
_____se	_____da	_____lo
_____rtel	co_____iro	peri_____to
ta_____ra	mole_____	ar_____vo
_____rto	caci_____	má_____na

6 Ordene as sílabas e escreva as palavras formadas. Depois, indique a sílaba tônica.

a) que | cho _____ _____

b) dra | qua _____ _____

c) que | bos _____ _____

7 Escreva uma frase com uma das palavras da atividade 6.

_____

_____

_____

GRAMÁTICA

Acentuação: acento agudo

Leia as palavras.

xícara

gambá

Nas palavras **xícara** e **gambá** há um **acento agudo** (´).
O acento agudo é usado para:
- abrir o som das vogais, como em caf**é** e cip**ó**;
- marcar a sílaba tônica em algumas palavras, como **rá**dio e **úl**timo.

ATIVIDADES

1) Complete as palavras com a vogal que falta. Todas elas levam o acento agudo (´) para que fiquem com som aberto.

a) gl____ria
b) m____dico
c) hist____ria
d) cafun____
e) r____gua
f) s____tio
g) ____timo
h) at____
i) h____spede
j) c____u
k) aç____car
l) p____tala

2) Coloque o acento agudo nas palavras a seguir.

a) fuba _____
b) lapis _____
c) fosforo _____
d) helice _____
e) paleto _____
f) agua _____

3 Escreva o nome das imagens. Depois, circule a sílaba que leva o acento agudo.

a) _____

c) _____

e) _____

b) _____

d) _____

f) _____

4 Separe em sílabas e reescreva as palavras no plural.

a) mocotó _____ _____

b) árvore _____ _____

c) trenó _____ _____

d) abóbora _____ _____

e) máscara _____ _____

5 Copie as frases colocando o acento agudo onde for necessário.

a) Sabado vou usar os oculos.
_____

b) Eu tambem quero cha com açucar.
_____

c) Vovo comprou uma mascara.
_____

6 Ajude a menina a chegar até o colega seguindo pelo caminho em que todas as palavras são escritas com acento agudo.

7 Escreva uma frase para cada palavra a seguir acentuando-as adequadamente.

a) numero

_____

b) arco-iris

_____

c) dificil

_____

d) caja

_____

PEQUENO CIDADÃO

Internet

Você já pensou no que significa a palavra **internet**?

Internet é uma palavra de origem inglesa, e nós a escrevemos da mesma maneira que as pessoas que falam inglês.

Ela é formada de duas partes: **inter**, que vem de "internacional", e **net**, que significa "rede".

Portanto, internet é uma rede que conecta computadores e diversos outros equipamentos eletrônicos e possibilita que nos comuniquemos por meio deles.

1 Quais equipamentos você conhece com os quais é possível acessar a internet?

_____

_____

2 Você usa alguns desses equipamentos? Quais?

_____

_____

3 Como você concilia o uso da internet com outras atividades, como estudar, brincar com os amigos ou ficar com a família?

_____

_____

Descrição

Que tal escrever um texto para contar ao professor e aos colegas como é o lugar em que você mora?

Planejar

1 Veja algumas dicas sobre como organizar seu texto:
- diga se você mora em casa, apartamento ou outro tipo de moradia;
- comente como é sua moradia, se há jardim, quintal etc.;
- aproveite e conte se você tem algum animal de estimação e em que parte da moradia ele fica mais tempo.

2 Utilize o quadro abaixo para fazer um desenho de como é o lugar em que você mora.

Produzir

1 Observe o desenho que você fez e as dicas de organização e escreva, no caderno, sobre sua moradia.

Compartilhar

1 Leia seu texto para o professor e os colegas.

1 Encontre as cinco diferenças entre as imagens.

UNIDADE 11

TEXTO 1

Você já viu uma máquina de costura? Onde?

Máquina de costura

A avó tem uma máquina de costura
que foi da mãe da sua mãe,
da sua avó.

A avó pedala a máquina
e costura **rendas** na barra
dos vestidos,
costura um sol e uma lua
no bolso das camisas,
costura uma hora na outra,
um carinho no outro.

E o chão fica cheio de fios
e linha colorida
enquanto a avó vai costurando
amor.

Roseana Murray. *Colo de Avó*. São Paulo: Brinque-Book, 2016.

GLOSSÁRIO

Renda: tecido transparente feito com fios entrelaçados que formam desenhos variados.

BRINCANDO COM O TEXTO

1) Responda às questões.

a) O que a avó costura na barra dos vestidos?

_____

_____

b) E onde a avó costura um sol e uma lua?

_____

_____

_____

2) Quantos versos tem o poema "Máquina de costura"?

☐ 10 versos   ☐ 15 versos   ☐ 20 versos

3) E quantas estrofes tem o poema?

☐ 3 estrofes   ☐ 4 estrofes   ☐ 5 estrofes

4) No poema, de quem é a máquina de costura?

_____

5) Escreva uma rima para cada palavra sugerida.

a) costura _____

b) sol _____

c) lua _____

d) amor _____

6) Copie do poema as palavras que tenham til (~).

_____

7 Observe o quadro a seguir e complete o que falta.

Figura	Nome	Número de letras	Número de sílabas
	sol		1
	vestido		
	camiseta		
		3	

ATIVIDADES

1 Escreva o nome das imagens e sublinhe a sílaba tônica.

a)

_____

c)

_____

e)

_____

b)

_____

d)

_____

f)

_____

2 Escreva as sílabas nos quadrinhos.
a) árvore
b) chuvisco
c) passarinho
d) carroceiro

3 Reescreva as frases usando o til (~) e o acento agudo (´) onde for necessário.

a) Julia pegou o fosforo e acendeu a vela.

_____

b) Damiao quer ir a pe ate o Cristo Redentor.

_____

c) Flavio e campeao de futebol de botao.

_____

4 Escreva as palavras do quadro na coluna adequada.

- garrafinha
- barulhão
- sorvetão
- cãozinho
- amigão
- garotinho
- livrinho
- pratão

Diminutivo	Aumentativo

5 Escreva frases com o nome da imagem no diminutivo.

a)

b)

_____   _____

6 Escreva frases com o nome da imagem no aumentativo.

a)

b)

_____   _____

GRAMÁTICA

Acentuação: acento circunflexo

Leia as palavras.

pêssego   cômoda   buquê

Nas palavras **pêssego**, **cômoda** e **buquê** há um sinal sobre as vogais **e** e **o**. É o **acento circunflexo** (^).

O acento circunflexo é usado para:
- sinalizar que o som dessas vogais é fechado, como em metr**ô**, tr**ês**, beb**ê**;
- indicar a sílaba tônica de certas palavras, como em ci**ên**cia, **cân**fora.

ATIVIDADES

1 Assinale o item em que todas as palavras estão escritas com acento circunflexo (^):

☐ mês, sabão, japonês, canção, você.

☐ limão, metrô, francês, vovô, três.

☐ mês, você, metrô, português, camponês.

2 Escreva a letra que falta nas palavras usando o acento circunflexo (^).

a) voc____

b) fregu____s

c) rob____

d) portugu____s

e) p____ntano

f) beb____

g) vov____

h) c____mara

i) t____nis

3 Escreva o nome das imagens e sublinhe a sílaba tônica.

a) _____

b) _____

c) _____

d) _____

e) _____

f) _____

4 Forme frases com as palavras a seguir.

a) judô   ônibus   você

_____

_____

b) crochê   vovô   bebê

_____

_____

c) glacê   tâmara   freguês

_____

_____

5 Separe as sílabas nos quadrinhos e indique a sílaba tônica.

a) maiô

b) pavê

c) paciência

d) bambolê

e) ambulância

6 Reescreva a parlenda usando o acento circunflexo na última palavra de cada verso.

Uni, duni, te, _____

salamê, mingue, _____

um sorvete colore, _____

o escolhido foi voce! _____

7 Ordene as palavras para escrever as frases formadas.

a) Lucinda dois quilômetros caminha por dia.

_____

b) lâminas Preciso comprar de barbear.

_____

c) sabe fazer Carlos crochê e pavê de limão.

_____

d) A do bufê comida fez mal meu para estômago.

_____

BRINCANDO COM A CRIATIVIDADE

Descrição

Fazer uma descrição é como desenhar um retrato.

Planejar

1. Escolha uma pessoa de sua família ou um amigo para descrever e retratar.

Produzir

1. Descreva como é essa pessoa:
   - alta, baixa, morena, loira etc.;
   - boa, alegre, carinhosa, simpática, ansiosa etc.;
   - usa óculos, aparelho nos dentes, tem cabelos curtos etc.;
   - diga do que você mais gosta nessa pessoa e por quê.

Compartilhar

1. Faça um desenho de como é essa pessoa para mostrar aos colegas e ao professor.
2. Leia para eles a descrição que você escreveu.

TEXTO 2

Você se acha parecido com alguma pessoa da sua família? Em que vocês se parecem? Você acha que um neto pode ser igualzinho ao avô? Leia o texto a seguir.

Máquinas do tempo

— Você é igualzinho a seu avô José!

É assim que papai sempre fala quando eu tenho uma ideia que ele não espera.

Coisas como desmontar o celular dele, juntar com outras peças e criar um robô espacial.

Eu nunca entendo o que ele quer dizer com isso.

Vovô é idoso. Tem duas ilhas de cabelos brancos na cabeça e nenhum fio no meio delas.

Tem veias azuis, umas pintas escuras nas mãos e um monte de riscos desenhados no rosto.

Ele gosta de olhar o jardim, de discutir assuntos compridos, de comer devagar enquanto lê o jornal no café da manhã.

Eu sou criança e não paro quieto. Estou sempre correndo, andando de bicicleta, jogando *video game* ou navegando na internet.

Como posso ser igual a ele?

[...]

Ele me leva pela mão até a velha garagem. Tem um monte de coisas antigas da nossa família lá, coisas que ninguém joga fora para não comprar briga com o vovô. Ele abre uma gaveta e tira uma caixa pesada de madeira.

[...]

A caixa está cheia de caixinhas menores, envelopes e pilhas de papel que vovô vai colocando sobre a mesa.

Ele me mostra a foto de um menino do meu tamanho. Uma imagem grande, toda em preto e branco.

– Sou eu na sua idade – diz ele. É a única que eu tenho. Um fotógrafo veio da cidade com uma máquina enorme em cima de um tripé. Era muito difícil tirar foto naquela época.

[...]

Cassiana Pizaia, Rima Awada e Rosi Vilas Boas. *Máquinas do tempo*. São Paulo: Editora do Brasil, 2016. p. 5, 7 e 11.

BRINCANDO COM O TEXTO

1 Qual é o nome do avô do menino do texto?
_____

2 O que o menino fez com o celular do pai?
_____
_____

3 Como o avô do menino é descrito no texto?
_____
_____
_____
_____

4 Em sua opinião, o que significa quando o menino fala que o avô tem "um monte de riscos desenhados no rosto"?

_____
_____
_____

5 E o menino? Como ele é?

_____
_____
_____

6 O que o avô tira da caixa e mostra ao menino?

_____
_____
_____

7 Circule a imagem que mostra como é a máquina fotográfica mencionada pelo avô no final do texto.

8 E você, como costuma tirar fotografias?

ORTOGRAFIA

Letra h inicial

1 Complete o nome das imagens com **ha**, **he**, **hi** ou **ho**.

a) _____ena

c) _____licóptero

e) _____rpa

b) _____spital

d) _____drante

f) _____rtelã

2 Forme as palavras e escreva-as. Depois, separe-as em sílabas.

a) ho → tel, mem, je, rta

b) hu → mor, mano, milde, morista

3 Complete o diagrama com as palavras do quadro.

- ~~horta~~
- história
- hora
- humildade
- habitação
- herança

4 Ordene as sílabas e escreva as palavras. Depois indique a sílaba tônica.

a) li | hé | ce _____ ☐

b) hi | e | gi | ne _____ ☐

c) bi | to | há _____ ☐

d) li | há | to _____ ☐

e) no | hi _____ ☐

f) rói | he _____ ☐

5 Leia as frases e complete as palavras com **h** ou **H**.

a) _____ orácio foi ao _____ ospital.

b) _____ oje vou comprar pastilhas de _____ ortelã.

c) O _____ omem viajou de _____ elicóptero.

d) _____ elena recebeu uma _____ erança.

e) _____ enrique adora _____ ambúrguer e salada.

 **BRINCANDO**

1 Se você pudesse viajar em uma máquina do tempo, para o passado ou o futuro, o que levaria com você?

2 Busque em revistas, jornais e outras fontes imagens do que gostaria de levar nessa viagem e cole-as no espaço abaixo.

BRINCANDO COM A CRIATIVIDADE

Narrativa ficcional

Agora você vai criar uma narrativa ficcional, isto é, uma história inventada.

Planejar

1. Imagine que você viajou para o futuro em uma máquina do tempo!

Produzir

1. Em uma folha de papel, escreva um texto em que você conta às pessoas no futuro como são as coisas no momento em que você vive.

Reler, revisar e editar

1. Mostre seu texto para o professor. Se necessário, ele vai apontar o que você precisa corrigir quando receber seu texto de volta. O texto será lido por outro colega; por isso, lembre-se de caprichar na letra para que ele entenda o que você escreveu.

Compartilhar

1. O professor vai reunir todos os textos e, depois, entregar aleatoriamente um para cada aluno.
2. Na sua vez, leia para os colegas o texto que você recebeu.

UNIDADE 12

TEXTO 1

Observe o texto a seguir. Você acha que ele conta uma história sobre a zebra ou traz informações científicas sobre esse animal? O que você observou para responder?

Acompanhe a leitura do professor.

Por que a zebra é toda listrada

Os mais velhos contam que tudo aconteceu quando a zebra e o burro eram companheiros e tinham a pelagem da mesma cor.

Naquela época, todos os animais eram amigos e viviam em paz. Não havia nenhum rei, rainha ou outro tipo qualquer de líder para dar ordens a ninguém.

Um dia, os bichos reuniram-se e decidiram que estava na hora de eles escolherem um chefe. Mas isto causou uma confusão danada, pois cada um tinha uma opinião diferente para dar. Houve tantas propostas que as discussões acabaram rolando durante dias e noites sem parar:

– Tem de ser o mais pesado – bramiu o elefante, exibindo o corpanzil.

– O melhor caçador – exigiu o leão, sacudindo a juba.

– O mais veloz – argumentou o leopardo, que parecia ter asas nas patas.

Então, a lebre teve uma ideia genial:

— Eu proponho que todos os que tenham chifres escolham o seu líder. Os que tenham o corpo coberto de pelos, escamas ou penas também. No final realizaremos uma festa para escolher o rei da floresta.

A zebra e o burro achavam que poderiam ganhar a disputa.

Os dois combinaram que iriam ajudar-se um ao outro para ficarem o mais bonito possível. O problema é que a zebra queria se embelezar primeiro, e o burro também. Então, resolveram pedir conselho à lebre, que era muito conhecida por sua esperteza em solucionar qualquer tipo de disputa.

— Como a zebra é mais velha, ela é que deve ser enfeitada primeiro — disse a orelhuda.

O burro, imediatamente, começou a trabalhar. Ele pintou a zebra com listras brancas e negras, bem devagar e com cuidado, até a ponta dos cascos. Foi tão cuidadoso que só conseguiu terminar a tarefa pouco antes de o concurso começar.

Assim que se viu pintada, a zebra correu para se juntar aos outros animais, esquecendo de ajudar seu irmão. O burro tentou pintar-se sozinho, mas acabou se borrando todo.

É por isso que hoje em dia ele tem essa cor sem graça, toda amarelada.

A zebra não ganhou o concurso, pois o vencedor foi o leão, mas passou a ser admirada pela beleza de suas cores. O burro, magoado, deixou a floresta e foi trabalhar num vilarejo.

Rogério Andrade Barbosa. *Histórias africanas para contar e recontar*. São Paulo: Editora do Brasil, 2001. p. 31-33.

1 Organize as palavras do quadro em ordem alfabética. Depois, pesquise o significado delas no dicionário e escreva-o abaixo.

- pelagem
- corpanzil
- vilarejo
- bramir

_____
_____
_____
_____

2 Assinale os animais que são mencionados no texto.

- ☐ leopardo
- ☐ elefante
- ☐ jacaré
- ☐ cavalo
- ☐ polvo
- ☐ lebre
- ☐ burro
- ☐ leão
- ☐ zebra

3 Como os animais viviam e o que eles decidiram?

_____
_____

4 Como deveria ser o chefe de acordo com:

a) o elefante?
___

b) o leão?
___

c) o leopardo?
___

5 Qual foi a proposta da lebre para resolver o impasse?
___
___
___

6 Qual foi o combinado entre a zebra e o burro? O plano deles deu certo?
___
___
___

7 Quem ganhou o concurso?
___
___
___

8 Por fim, o que aconteceu com o burro?
___
___
___

 **ATIVIDADES**

1) Separe as palavras em sílabas e escreva-as.
   a) gasolina
   b) casaco
   c) casamento
   d) bondoso

2) Ordene as palavras e escreva as frases formadas.
   a) libanesa ficou A muito curiosa.

   b) ganhou uma Caruso fantasia.

   c) uma José raposa desenhou.

   d) comprou vaso um usado Joselino.

3) Troque uma forma pela outra fazendo assim:

   bem amigo ⟶ amigão

   a) bem forte
   b) bem bonito
   c) bem grande
   d) bem doido
   e) bem alto
   f) bem lindo

GRAMÁTICA

Adjetivo

Leia as palavras a seguir.

jardim **florido**

casa **pequena**

As palavras **florido** e **pequena** são características dos substantivos **jardim** e **casa**.

> Chamamos de **adjetivos** as características e qualidades que damos aos substantivos.

Outro exemplo: mala verde. **Mala** é substantivo, e **verde** é característica dele; portanto, é **adjetivo** de mala.

ATIVIDADES

1) Dos termos abaixo, circule a palavra que é adjetivo.

a) garoto alegre

b) carro confortável

c) comida saborosa

d) menina sorridente

e) casa nova

f) livro velho

g) jogo divertido

h) tinta amarela

2 Complete o quadro com as palavras da atividade anterior.

Substantivo	Adjetivo

3 Complete com os adjetivos correspondentes aos substantivos destacados.

a) Quem tem **preguiça** é _____.

b) Quem tem **coragem** é _____.

c) Quem tem **vaidade** é _____.

d) Quem dá **carinho** é _____.

4 Complete as frases com um dos adjetivos do quadro.

- baixa
- azul
- competente
- alto

a) Valmir ganhou uma camiseta _____.

b) A professora é _____.

c) O muro é _____ e a casa é _____.

5 Escreva o nome das imagens e um adjetivo para ele.

a) _____

b) _____

c) _____

d) _____

6 Escreva dois adjetivos para cada item.

a) Um amigo
_____
_____

b) Seu bairro
_____
_____

c) Sua casa
_____
_____

d) Sua escola
_____
_____

e) O dia de hoje
_____
_____

TEXTO 2

Leia o título do texto e observe a ilustração. É possível imaginar o que aconteceu com a personagem dessa história?

Acompanhe a leitura do professor.

Quem pegou minhas pintas?

A onça acordou com sede. Teve um sonho horrível, mas não conseguia se lembrar de nada. Foi até a lagoa beber água.

Quando viu sua imagem **refletida**, deu um miado assustado:

– Quem pegou as minhas pintas? Sumiram todas! – miou com raiva.

Do alto de uma árvore, o macaco reclamou:

– Que gritaria é essa? Não se pode mais dormir na floresta?

– As minhas pintas, as minhas pintas... – a onça repetia, inconformada.

– Ah, então é isso... Fale com os outros bichos pintados, quem sabe eles podem ajudar você.

A onça então partiu à procura de bichos pintados.

Teve sorte! **Avistou** a hiena [...].

– Quero saber se foi você quem pegou minhas pintas.

[...]

— Que engraçado! – ela riu sem parar. E disse, **atrevida**: – Até que ficou uma gracinha! Mas não fui eu!

[...]

— Por que não procura a coruja? – aconselhou a hiena. Ela sempre tem um remédio pra tudo!

"Ninguém mais vai ter medo de mim... Ninguém vai respeitar uma onça sem pinta!", ela pensava ao aproximar-se da árvore da coruja.

— Doutora – a onça miou, chamando a coruja, que tinha fama de **curandeira**. – Por favor, me ajude: deitei pintada e acordei despintada!

[...]

— Não faça perguntas, apenas coma estas folhas, dê cinco pulos, dois espirros e um miado bem comprido.

A onça concordou. O que mais podia fazer?! [...]

— Nada, doutora! – a onça suspirou, chateada. [...]

E lá foi a onça atrás da girafa.

— Foi você quem pegou as minhas pintas? – ela perguntou assim que avistou a girafa.

— De jeito nenhum! [...] Mas, se estiver precisando, posso dar-lhe algumas das minhas... Tenho tantas!

A onça agradeceu e partiu novamente.

[...]

Telma Guimarães Castro Andrade. *Quem pegou minhas pintas?* São Paulo: Editora do Brasil, 2003. p. 6, 8-10, 12.

GLOSSÁRIO

Atrevido: que se atreve; ousado.
Avistar: ver ao longe.
Curandeiro: que trata doentes sem ser formado em Medicina, muitas vezes com métodos que incluem rezas, magias e remédios caseiros.
Refletido: espelhado.

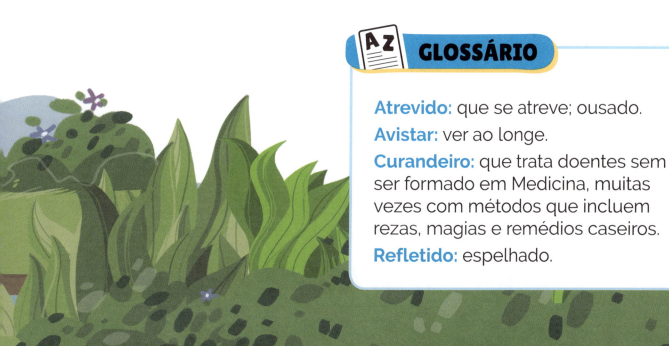

 **BRINCANDO COM O TEXTO**

1 O que aconteceu com a onça?
_____

2 Depois do susto, o que a onça fez?
_____
_____

3 Qual foi a reação da hiena quando viu a onça? Que sugestão ela lhe deu?
_____
_____
_____

4 O que a onça fez em seguida e por quê?
_____

5 Coloque em ordem os pedidos da coruja à onça.

☐ Dar dois espirros.

☐ Comer umas folhas.

☐ Soltar um miado bem comprido.

☐ Dar cinco pulos.

6 No trecho que você leu, a onça encontrou uma solução para o problema?
_____
_____

 **ATIVIDADES**

1 Coloque nas palavras o til (~) e os acentos (´) e (^) que estão faltando.

a) Lucelia esta muito pensativa.

b) Andre ganhou uma maquina fotografica.

c) Monica gosta de mamao, maça e bolo de fuba.

d) Voce e amigo do secretario?

e) Marcia tomou cha e comeu pao.

2 Complete as frases com o diminutivo.

a) Um barco pequeno é um _____.

b) Uma cama pequena é uma _____.

c) Uma janela pequena é uma _____.

d) Uma tampa pequena é uma _____.

e) Um tomate pequeno é um _____.

3 Escreva no masculino.

a) A cabra e a ovelha. _____

b) A vaca e a porca. _____

c) A gatinha e a galinha. _____

d) A rainha e a princesa. _____

4 Escreva as frases no plural.

a) O jardim e a flor. _____

b) O irmão e o livro. _____

c) A luz e a cor. _____

d) O balão e o pião. _____

5 Escreva o nome das imagens.

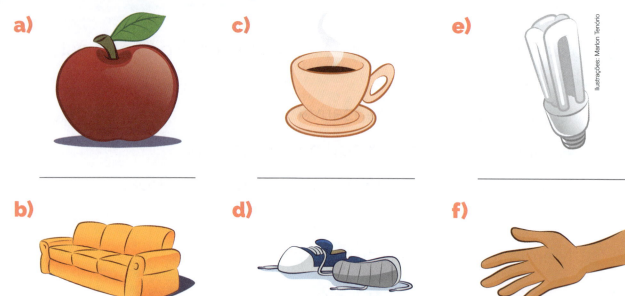

a) _____

b) _____

c) _____

d) _____

e) _____

f) _____

6 Sublinhe os adjetivos das frases a seguir.

a) Marta é uma atleta competente e famosa.

b) Comprei uma calça azul e branca.

c) Lisandro é um rapaz tranquilo e simpático.

d) A criança é alegre e engraçada.

e) Sempre fui um menino feliz e divertido.

7 Escreva o que se pede:

a) florada (encontro consonantal) _____

b) roseira (encontro vocálico) _____

c) lamina (copie e acentue) _____

d) ca tina (consoante que falta) _____

e) inteligente (número de sílabas) _____

f) canarinho (separe em sílabas) _____

g) avental azul (plural) _____

BRINCANDO COM A CRIATIVIDADE

Final de história

No **Texto 2**, você leu um trecho da história da onça que perdeu as pintas. E o final dela, como será? Você vai criá-lo agora. Para isso, siga as orientações.

Planejar

1. Releia o **Texto 2** e preste atenção a todos os detalhes e todas as conversas entre os personagens.
2. Imagine um final para a história e reflita se ele se encaixa no texto que você leu.

Produzir

1. Escreva um rascunho do texto.

_____
_____
_____
_____
_____
_____
_____

Rever, revisar e editar

1. Depois de pronto, faça os ajustes necessários e copie o texto no caderno.
2. Crie uma ilustração para acompanhar seu texto.

Compartilhar

1. Leia para os colegas o que você escreveu.

UNIDADE 13

TEXTO 1

Observe a imagem ao lado. O que ela mostra? Você sabe que texto é esse?

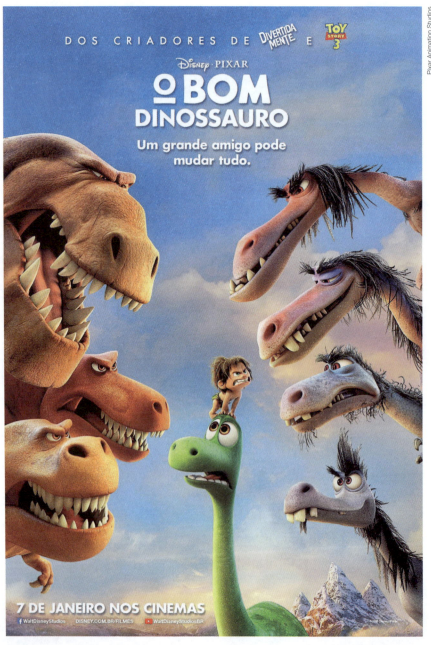

 **BRINCANDO COM O TEXTO**

1 Responda.

a) Qual é o nome do filme que aparece no cartaz?

_____

b) Indique o substantivo e o adjetivo do nome do filme.

_____

2 Que animais aparecem com o menino no cartaz?

_____

3 Você sabe em que época eles viveram? Quando?

_____

_____

4 Quem é o "bom dinossauro"? Circule-o no cartaz.

5 Em que data o filme estreou nos cinemas?

_____

6 Releia esta frase:

> Um grande amigo pode mudar tudo.
> Pixar Animation Studios

- Quem você imagina que seja o "grande amigo"?

_____

_____

7 Os criadores de *O bom dinossauro* também fizeram outros filmes mencionados no cartaz. Circule esses títulos no cartaz.

1 Complete com **l** as palavras a seguir e depois reescreva-as.

a) ane____   _____   f) sa____to   _____

b) a____to   _____   g) carrete____   _____

c) jorna____   _____   h) a____tar   _____

d) a____moço   _____   i) ca____çada   _____

e) pape____   _____   j) ca____ma   _____

2 Classifique os nomes abaixo em:

A substantivo próprio;   **B** substantivo comum.

☐ Espanha   ☐ colega

☐ piscina   ☐ Museu do Amanhã

☐ Fátima   ☐ goiabada

☐ relógio   ☐ Cora Coralina

3 Separe as palavras em sílabas e indique a sílaba tônica.

a) chuteira   _____   ☐

b) jacaré   _____   ☐

c) botão   _____   ☐

d) cantina   _____   ☐

e) lâmpada   _____   ☐

f) futebol   _____   ☐

g) televisão   _____   ☐

4 Escreva no masculino as palavras a seguir.

a) a colega

_____

b) a servente

_____

c) a estudante

_____

d) a dentista

_____

e) a gerente

_____

f) a artista

_____

5 Encontre no diagrama o plural das palavras do quadro.

- farol
- homem
- botão
- cor
- freguês
- voz
- fogão
- tonel
- flor
- cão

Q	R	F	A	R	Ó	I	S	T	F
U	V	I	P	O	L	K	J	H	R
F	O	G	Õ	E	S	F	C	R	E
E	Z	V	T	Õ	A	S	O	D	G
Z	E	X	B	B	N	H	R	U	U
B	S	C	O	E	G	Ã	E	I	E
C	E	N	T	O	R	A	S	K	S
F	Õ	S	Õ	D	T	F	J	H	E
H	O	M	E	N	S	A	I	H	S
G	H	M	S	R	T	D	W	U	D
H	U	D	R	T	O	N	É	I	S
F	L	O	R	E	S	P	Y	T	S
T	Y	X	V	C	Ã	E	S	L	S

GRAMÁTICA

Ponto final

Leia as frases.

Vera ganhou uma mochila.   Robson colocou flores no vaso.

Você reparou que no final de cada frase há um pontinho? É o **ponto final** (.).

> O ponto final indica o **fim de uma frase**.

Quando você acabar de **afirmar** ou **negar** algo, coloque o ponto final no fim da frase. Ele indica que a frase terminou.

ATIVIDADES

1) Responda às perguntas abaixo empregando o ponto final.

a) Onde você mora?

_____

b) Com quem você mora?

_____

2 Ordene as palavras, forme frases e coloque o ponto final.

a) no clube Jairo tênis joga
_____

b) Manaus uma é brasileira cidade
_____

c) de gosta no parque passear Ela
_____

3 Transforme estas frases afirmativas em negativas e use o ponto final.

a) Daniela gosta de sorvete.
_____

b) O garoto é irmão de André.
_____

c) João é amigo de Eduardo.
_____

d) Eu vou faltar a sua festa.
_____

4 Agora transforme as frases negativas em afirmativas.

a) Rogério não está no pátio.
_____

b) Lia não gosta de viajar.
_____

c) Ivo não comprou o livro.
_____

d) A chuva não caiu como o previsto.
_____

TEXTO 2

Você acha que existiram dinossauros brasileiros? Acompanhe a leitura do texto a seguir.

Na época dos dinossauros

ORIGEM DO NOME

O termo "dinossauro" vem da combinação de duas palavras gregas que significam "**lagarto terrível**". O nome foi dado por causa da semelhança física – ambos os animais são répteis. Isso quer dizer que têm características em comum, como a temperatura corporal que varia de acordo com o ambiente (se está frio, a temperatura do corpo do animal cai; se está calor, aumenta).

Ainda há muito a desvendar sobre esses animais de milhões de anos atrás, mas diversas descobertas já foram feitas. Confira algumas delas.

VARIAÇÃO

As espécies de dinossauro eram bastante diferentes entre si. Alguns voavam, outros caminhavam sobre duas ou quatro patas. Nem todos era carnívoros – ou seja, alimentavam-se de outros animais. Alguns consumiam apenas vegetais, os herbívoros.

Argentinossauro

O **maior carnívoro terrestre** - O **gigantossauro** é o dono do título. Ele tinha em torno de **7 metros de altura** (mais do que uma casa de dois andares) e **15 metros de comprimento** (quase o mesmo que três ônibus).

RECORDES

O maior terrestre – a disputa fica entre quatro espécies de dinossauros: **amphicoelias**, **argentinossauro**, **bruthathkayossauro** e **puertassauro**. Todos têm mais de **20 metros de altura** (o que corresponde a um prédio de mais ou menos sete andares) e **45 metros de comprimento** (cerca de oito ônibus enfileirados).

Na época dos dinossauros. *Jornal Joca*, São Paulo, 16 abr. 2019. Disponível em: https://jornaljoca.com.br/wp-content/uploads/2019/04/Dinossauros.pdf. Acesso em: 14 maio 2020.

BRINCANDO COM O TEXTO

1) Observe como o texto está organizado e marque um **X** na opção correta.

☐ Há apenas imagens.   ☐ Há apenas texto.

☐ Há pequenos textos e imagens.

2) Qual é o tema do texto?

_____

3) Releia esta parte do texto.

ORIGEM DO NOME

O termo "dinossauro" vem da combinação de duas palavras gregas que significam "**lagarto terrível**". O nome foi dado por causa da semelhança física – ambos os animais são répteis. Isso quer dizer que têm características em comum, como a temperatura corporal que varia de acordo com o ambiente (se está frio, a temperatura do corpo do animal cai; se está calor, aumenta).

a) O que significa o termo **dinossauro**?

_____

b) Os dinossauros são parecidos com os lagartos? Por quê?

_____

_____

c) Como a temperatura do corpo do dinossauro varia de acordo com o ambiente?

_____

_____

4 Marque **V** para as informações verdadeiras e **F** para as falsas.

☐ As espécies de dinossauros eram bastante diferentes entre si.

☐ As espécies de dinossauros eram todas iguais.

☐ Todos os dinossauros podiam voar.

☐ Alguns dinossauros voavam, outros caminhavam.

☐ Todos os dinossauros eram carnívoros.

☐ Alguns dinossauros eram carnívoros e outros eram herbívoros.

5 Observe o gráfico.

Argentinossauro

O gráfico serve para representar:

☐ a temperatura corporal do argentinossauro.

☐ a velocidade que os dinossauros podem atingir.

☐ a altura e o comprimento das maiores espécies de dinossauro.

6 Pinte o nome da espécie que é o maior carnívoro terrestre.

| amphicoelias | argentinossauro |
| puertassauro | gigantossauro |

ATIVIDADES

1 Complete o diagrama com as palavras do quadro.

- animal
- caracol
- ambulância
- gelatina
- criador

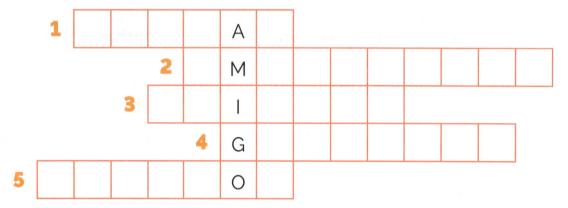

2 Reescreva no singular.

a) Os pastéis e os lençóis.
_____

b) As irmãs e os irmãos.
_____

c) As flores e os limões.
_____

d) Os homens e as vozes.
_____

3 Crie uma frase negativa com com cada palavra indicada.

a) violão
_____

b) hóspede
_____

4 Coloque o acento circunflexo nas palavras e copie-as.

a) mes _____   d) camara _____

b) estomago _____   e) fregues _____

c) lampada _____   f) tamara _____

5 Escreva o nome das imagens no diminutivo.

a) _____   c) _____   e) _____

b) _____   d) _____   f) _____

6 Circule as palavras que devem ser escritas com acento agudo.

lapis   cadeira   oculos   pote   caderno

cafe   toalha   bone   suco   regua

7 Escreva as palavras que você circulou na atividade anterior colocando o acento agudo.

_____

_____

Ponto de interrogação

Observe estas frases:
- Quem é essa pessoa**?**
- O que ela está fazendo**?**
- Onde ela mora**?**

O sinal (**?**) no fim dessas frases chama-se **ponto de interrogação**.

> O ponto de interrogação é usado quando fazemos uma **pergunta direta**.

1 Circule as frases que terminam com ponto de interrogação.

Vamos embora?

Eloíse adora ler gibis.

Eu estudo pela manhã.

E agora, meu amigo?

Quem pegou a minha pipa?

2 Copie as frases que você circulou na atividade anterior.

_____

_____

_____

3 Nas frases abaixo, empregue **por que** conforme o modelo.

> Ela viajou. ⟶ Por que ela viajou?

a) Ele vestiu a calça.

_____

_____

b) Eles falaram muito.

_____

_____

c) Você não trouxe o livro de Matemática.

_____

_____

d) Jaciara não foi passear.

_____

_____

4 Coloque o ponto de interrogação nas frases abaixo e dê a resposta.

a) Quem é este cãozinho

Este cãozinho é _____.

b) O que o gatinho está fazendo

_____

c) O que o pássaro está fazendo

_____

d) Onde estão os peixinhos

_____

BRINCANDO COM A CRIATIVIDADE

Pesquisa

Reúna-se com mais um ou dois colegas.

Pesquisem uma curiosidade sobre os dinossauros para compartilhar com o restante da turma.

Planejar

1. Com a ajuda do professor, pesquisem sobre o tema em *sites* e enciclopédias.
2. Selecionem uma curiosidade que todo o grupo tenha achado interessante.
3. Pesquisem uma imagem que represente a espécie de dinossauro citada na curiosidade.

Produzir

1. No laboratório de informática, escrevam a curiosidade usando um programa de edição de texto.
2. Coloquem a imagem do dinossauro junto ao texto.
3. Escrevam o nome dos integrantes do grupo.

Revisar e editar

1. Antes de imprimir a curiosidade, vocês precisam:
   - mostrar o texto para o professor;
   - fazer as correções e a releitura do texto para conferir se as palavras foram escritas corretamente.

Compartilhar

1. No dia combinado, apresentem a curiosidade ao restante da turma.
2. Vocês também podem compartilhar as curiosidades produzidas pelos grupos no mural da escola, com a ajuda do professor.

UNIDADE 14

 **TEXTO 1**

Você já viu um ninho de passarinho? Acompanhe a leitura do texto.

E a história começa debaixo das telhas

Uma infiltração no teto de meu escritório. [...]
Foi como abrir um baú secreto.
Naquele espaço baixo, ainda cheio de penumbra e cheiro de sol guardado, havia um ninho, dentro do ninho havia uma pomba, e debaixo da pomba piavam dois pombinhos recém-nascidos.
Um susto, um bater de asas, uma plumazinha voando, e ela, ameaçada pela invasão, escapou, quase trombando com o homem.
Ficaram os filhotes.
Coisa mais feia é pombinho que nasceu há pouco. A pele escura, frouxa, sobra no corpo como pijama de irmão maior. Penas, nem pensar. As asas pequenas, a barriguinha gorda, as costelas aparecendo, as veias, ou o que seja que vai azulando por baixo da pele, tudo parece ainda por terminar. Mas o pior é a cabeça. Grande demais para o corpo – acho que combinaria com a pele se o esqueleto todo fosse maior –, desequilibrada sobre o pescoço magro, com um bico fino e comprido e dois olhos enormes, dois olhos saltados chegando à vida antes de todo o resto, ansiosos e meio cegos.
Assim eram os dois. E eu os amei imediatamente.

Marina Colasanti. *Breve história de um pequeno amor*. São Paulo: FTD, 2013.

 **BRINCANDO COM O TEXTO**

1 Quem escreveu o texto?
_____

2 É possível saber quem narra o texto e o nome dessa pessoa?
_____
_____

3 A pessoa que narra é:

☐ criança.   ☐ adulta.

- Justifique sua resposta.
_____
_____

4 O que você entendeu da frase "A pele escura, frouxa, sobra no corpo como pijama de irmão maior"?
_____
_____
_____

5 Copie algumas palavras do texto utilizadas para descrever os dois pombinhos recém-nascidos.
_____
_____
_____
_____

ATIVIDADES

1 Escreva o número de sílabas e sublinhe a sílaba tônica de cada palavra.

☐ árvore ☐ sábado ☐ floresta

☐ papel ☐ vento ☐ nuvem

2 Transforme as frases afirmativas em frases interrogativas, assim:

> Otávio foi à feira. ⟶ **Quem** foi à feira?

a) Janete trabalha no teatro.

_____

b) O estilista desenha roupas.

_____

c) Pablo me telefonou.

_____

3 Reescreva as frases, como no modelo.

> Quero saber o que você estuda. ⟶ **O que** você estuda?

a) Quero saber o que você cozinha.

_____

b) Quero saber o que ela falou.

_____

c) Quero saber o que ele limpou.

_____

4 Faça como o modelo.

> Eles vão viajar. ⟶ **Quando** eles vão viajar?

a) Lenita vai jantar.
_____

b) Você vai cantar comigo.
_____

c) Ele vai lavar o quintal.
_____

5 Elabore frases afirmativas ou interrogativas com as palavras dadas.

a) aluna – estuda – biblioteca (frase afirmativa)
_____
_____

b) conserta – relógios (frase interrogativa)
_____
_____

c) toca – orquestra (frase interrogativa)
_____
_____

6 Reescreva as frases da atividade anterior na forma negativa.

a) _____

b) _____

c) _____

# GRAMÁTICA

Ponto de exclamação

Leia as frases a seguir.

Que susto você me deu**!**
Que tarde ensolarada**!**

Este sinal (**!**) no final das frases chama-se **ponto de exclamação**.

> O **ponto de exclamação** é usado para indicar emoções: medo, espanto, admiração, raiva etc.

ATIVIDADES

1 Reescreva as frases colocando o ponto de exclamação onde for necessário.

a) Que dia bonito

___

b) Não fique triste

___

c) Eba Vamos brincar

___

d) Uau Você é corajosa

___

2 Transforme as frases afirmativas em exclamativas colocando o ponto de exclamação. Observe o modelo.

> O dia está lindo. ⟶ Como o dia está lindo!

a) Suzana é sortuda.

_____

b) O rapaz está elegante.

_____

c) A flor é linda.

_____

d) Elisabete é alta.

_____

3 Transforme as expressões em frases exclamativas usando o ponto de exclamação. Faça conforme o modelo.

> Dia chuvoso. ⟶ Que dia chuvoso!

a) Bela tarde.

_____

b) Menino alegre.

_____

c) História engraçada.

_____

d) Casaco bonito.

_____

 **TEXTO 2**

O texto a seguir é uma história em quadrinhos. Qual é o título dessa história? Você conhece o personagem Nimbus?

Mauricio de Sousa. *Nimbus e o beija-flor*. Disponível em: http://turmadamonica.uol.com.br/quadrinhos/?tg_personagem=cebolinha&tg_quadrinho=personagem. Acesso em: 14 dez. 2016.

BRINCANDO COM O TEXTO

1 Que animal o personagem deseja fotografar?

_____

2 Por que ele deseja fotografar esse animal?

_____

3 O que significa a palavra **zup**, que aparece em alguns quadrinhos?

_____

_____

4 Que outros pássaros o personagem deseja fotografar?

_____

5 Nos quadrinhos em que não há falas dos personagens, como você fez para entender a história?

_____

_____

_____

6 No último quadrinho, por que a amiga do personagem está deitada no chão?

_____

_____

SAIBA MAIS

Dia dos Animais

Em 4 de outubro é comemorado o Dia dos Animais. Nessa data, celebramos a importância de cada animal para o planeta e lembramos que devemos respeitá-los, cuidar deles e lhes dar carinho.

Os animais domésticos precisam de alimentação adequada, higiene e afeto. Já os animais que estão na natureza precisam ser preservados. Podemos fazer isso evitando que haja desmatamento, poluição e caça onde eles vivem.

PESQUISANDO

1. Você sabia que os animais também têm direitos?

   Peça ajuda a um adulto e pesquise os direitos dos animais.

   Use o espaço abaixo para registrar as informações que você encontrar. Aproveite para compartilhá-las com os colegas.

   Direitos dos animais

   _____
   _____
   _____
   _____

 **ATIVIDADES**

1 Complete as palavras com **l** ou **u** e depois reescreva-as.

a) ca___do _____   e) pu___seira _____

b) fla___ta _____   f) bo___sa _____

c) a___tor _____   g) a___piste _____

d) minga___ _____   h) sa___dade _____

2 Copie as palavras da atividade anterior na coluna adequada.

Palavras com l	Palavras com u

3 Ordene as palavras e escreva as frases formadas. Lembre-se de colocar o ponto de exclamação.

a) grandes Que peixes

_____

b) almoço Que delicioso

_____

c) susto Que menino levou o

_____

d) alto latido o Que tem cachorro

_____

4 Escreva o nome das imagens.

a) _____

b) _____

c) _____

d) _____

e) _____

f) _____

g) _____

h) _____

i) _____

5 Escreva as palavras da atividade anterior em ordem alfabética.
_____
_____
_____

6 Escolha palavras da atividade anterior e crie frases com elas.
_____
_____
_____

BRINCANDO COM A CRIATIVIDADE

Reconto

Nesta unidade, você leu dois textos sobre aves.

1. Você gostou mais dos dois pombinhos recém-nascidos ou da história em quadrinhos do beija-flor?

Agora você vai ler mais uma história em quadrinhos. Depois, reconte essa história com os colegas para o professor escrever na lousa.

Planejar

1. Faça uma leitura silenciosa da história em quadrinhos da página seguinte.

2. Observe-a com atenção quadrinho a quadrinho.
   - O que cada quadrinho mostra?
   - Por que há um contorno preto em seis quadrinhos?
   - Por que o sexto quadrinho é diferente dos demais?
   - Qual é a expressão do rosto dos personagens no último quadrinho?
   - Como a história termina?

Produzir

1. Com os colegas, criem uma história baseada nos quadrinhos. O professor vai registrá-la na lousa.
2. Depois, copie a história no caderno.

Compartilhar

1. Em casa, mostre o texto para uma pessoa da sua família e reconte a história em quadrinhos para ela.

Mauricio de Sousa. *Almanaque Historinhas de uma Página*, n. 2, p. 66, mar. 2008.

BRINCANDO

1 Vamos brincar de "Que bicho eu sou"?

Material:
- papéis;
- caneta;
- fita adesiva.

Como brincar

1. Escolham o aluno que deverá adivinhar o nome do bicho. Ele ficará longe dos colegas, enquanto a turma escolhe o nome do animal a ser adivinhado.

2. Esse nome deverá ser escrito em uma folha de papel em branco. Em seguida, colem essa folha nas costas do aluno escolhido (cuidem para que ele não veja o nome do animal).

3. Para adivinhar qual é o bicho, o aluno fará perguntas à turma, por exemplo: "Eu tenho patas?", "Eu sei latir?", "Eu sei nadar?", entre outras.
A turma só pode responder "sim" ou "não".
O aluno marca ponto se adivinhar qual é o animal.

UNIDADE 15

TEXTO 1

O professor vai ler o trecho de uma carta. Acompanhe a leitura com atenção.

Carta às meninas e aos meninos em tempos de covid-19

Queridas meninas e queridos meninos,

Vamos conversar sobre o que está acontecendo no planeta?

Vocês devem estar se perguntando: por que, de repente, temos que ficar em casa, sem poder sair? E, talvez, estejam percebendo que os adultos estão com um pouco de medo, conversando baixinho, cochichando ao telefone com um amigo, com sua tia, com sua avó, com seu avô ou lendo mensagens no celular e, de vez em quando, dando gargalhadas nervosas.

[...]

Está acontecendo algo importante e perigoso no mundo. As pessoas estão preocupadas e querem encontrar uma solução.

Na casa da gente, quando adoecemos, os adultos nos dão remédio para sarar a doença, colocam a gente na cama, tiram a temperatura pra ver se temos febre, fazem uma comidinha gostosa pra gente ficar forte.

Já no mundo, quem cuida das doenças são os milhares de cientistas, médicos e médicas, enfermeiras e

Ilustrações: Marcos Machado

enfermeiros. Eles buscam descobrir por que as pessoas têm tido febre e tosse e o que fazer para cuidar dessas pessoas para que elas fiquem boas.

Antes de chegar no Brasil, essa doença viajou por outros países, como China, Itália, Espanha, França, Estados Unidos, Canadá, Irã. Hoje, se espalhou pelo mundo todo. Por isso é chamada de pandemia.

[...]

Abril de 2020

Os autores.

Mônica Correia Baptista (org.). Ilustrações: Alexandre Rampazo, Anna Cunha, Camilo Martins, Elisa Carareto, Gabriel Benedito, Graça Lima, Luiz Silva, Marilda Castanha, Nelson Cruz, Odilon Moraes e Raquel Matsushita. *Carta às meninas e aos meninos em tempos de covid-19*. Belo Horizonte: FMEI: UFMG, 2020. Disponível em: https://issuu.com/eduinfantilleituraescrita/docs/fmei_carta_final. Acesso em: 15 maio 2020.

 **BRINCANDO COM O TEXTO**

1 Para quem a carta foi escrita?
_____
_____

2 Por que a carta foi escrita?
_____
_____
_____

3 Quando a carta foi publicada?
_____

4 Quem escreveu a carta?
_____

5 Com a ajuda do professor, leiam a carta completa (disponível em: https://issuu.com/eduinfantilleituraescrita/docs/fmei_carta_final; acesso em 10 jun. 2020). Depois, conversem sobre o que descobriram. Registre o que você achar mais interessante nas linhas abaixo.
_____
_____
_____
_____
_____

ATIVIDADES

1 Escreva o nome das imagens.

a)

b)

c)

d)

e)

f)

2 Copie as palavras da atividade anterior de acordo com a indicação.

Palavras com til	
Palavras com acento agudo	
Palavras com acento circunflexo	

3 Separe as palavras em sílabas.

a) companheiro

b) balançar

c) esquema

d) passarinhos

4 Circule a sílaba tônica das palavras.

a) lâmpada
b) girafa
c) camarão
d) vassoura
e) maçã
f) árvore
g) borboleta
h) elefante
i) libélula

5 Forme outras palavras, como no modelo:

> Do adjetivo **belo**, formo a palavra **beleza**.

a) Do adjetivo **feliz**, formo a palavra _____.

b) Do adjetivo **obediente**, formo a palavra _____.

c) Do adjetivo **alegre**, formo a palavra _____.

d) Do adjetivo **corajoso**, formo a palavra _____.

e) Do adjetivo **bondoso**, formo a palavra _____.

f) Do adjetivo **paciente**, formo a palavra _____.

6 Transforme as frases afirmativas em negativas.

a) Ganhei um cachorrinho de presente.
_____

b) Rogério gosta de goiaba.
_____

c) Vou viajar para o Recife.
_____

d) Alice escreveu uma carta.
_____

e) Ela sabe jogar muito bem.
_____

Antônimo

Observe as frases abaixo.

Esta casa é **pequena**.

Esta casa é **grande**.

A palavra **pequena** tem significado **contrário** ao da palavra **grande**.

Pequena é o contrário de **grande**.
Pequena é o antônimo de **grande**.

Antônimos são palavras com significados contrários.

ATIVIDADES

1 Escreva o antônimo das palavras a seguir.

a) feio _____

b) claro _____

c) alto _____

d) fácil _____

e) alegre _____

f) curto _____

2 Complete o diagrama com o antônimo das palavras do quadro.

1. grande
2. entrar
3. sujo
4. fraco
5. certo

3 Reescreva as frases substituindo as palavras destacadas por seu antônimo.

a) O filme é muito **bom**.

_____

b) Marcos é **maior** que Vanessa.

_____

c) O doce ficou um pouco **duro**.

_____

4 Algumas vezes, formamos o antônimo das palavras acrescentando **des** ou **in/im** no início. Escreva corretamente o início dos antônimos.

a) paciente: ____ paciente

b) contente: ____ contente

c) feliz: ____ feliz

d) leal: ____ leal

e) próprio: ____ próprio

f) animado: ____ animado

g) tocável: ____ tocável

h) importante: ____ importante

 **TEXTO 2**

Leia o título e observe o texto. O que você acha que vai ler?

1h00 Michele Oliveira

Crianças dão apoio a idosos com cartas, desenhos e telefonemas

Projeto no norte da Itália conecta as duas gerações durante a pandemia

MILÃO Os idosos e as crianças da Itália são os dois grupos que menos têm permissão para sair na rua nesta **quarentena**.

O país, o primeiro europeu a ser atingido pelo novo **coronavírus**, está há 40 dias com quase toda a sua população, de 60 milhões de pessoas, trancada em casa. Só podem sair os poucos que trabalham fora ou quem precisa ir ao médico, à farmácia ou ao supermercado, atividades quase sempre desempenhadas pelos adultos.

Aos idosos, que são os mais frágeis à doença, o governo pede para que evitem sair mesmo nas situações acima. Muitos estão recebendo suas compras feitas por parentes e vizinhos ou recorrendo à entrega em domicílio.

Já as crianças não têm mesmo nenhum motivo para colocar os pés para fora. As escolas estão fechadas, assim como os parques e as outras atividades de esporte e lazer.

É por isso que surgiram nas últimas semanas ideias para conectar essas duas pontas isoladas e distantes. Uma delas incentiva as crianças a enviarem cartas e desenhos aos moradores de um asilo. Outra organiza telefonemas entre as duas gerações.

GLOSSÁRIO

Coronavírus: vírus que pode causar de infecções leves, como um simples resfriado, até infecções graves, que podem levar à morte.

Quarentena: medida de saúde pública utilizada para impedir que uma doença se espalhe, que consiste em isolamento social.

Natalia Belay/Shutterstock.com

Michele Oliveira. Crianças dão apoio a idosos com cartas, desenhos e telefonemas. *Folha de S.Paulo*, São Paulo, 21 abr. 2020. *Folhinha*. Disponível em: https://www1.folha.uol.com.br/folhinha/2020/04/criancas-dao-apoio-a-idosos-com-cartas-desenhos-e-telefonemas.shtml. Acesso em: 21 abr. 2020.

 BRINCANDO COM O TEXTO

1 Copie o título da notícia.
_____
_____

2 Qual é o principal assunto tratado na notícia?
☐ A chegada do coronavírus na Itália.
☐ As orientações do governo italiano para os idosos.
☐ Um projeto para conectar idosos e crianças na quarentena.

3 Onde a notícia foi publicada?
☐ Em um *site*. ☐ Em uma revista. ☐ Em um livro.

4 Quem escreveu a notícia?
_____
_____

5 Quando a notícia foi publicada?
_____
_____

6 O que você achou dessa notícia? Registre nas linhas abaixo. Depois, converse com os colegas e o professor sobre sua opinião.
_____
_____

ORTOGRAFIA

Letra x

1 Pinte somente os peixinhos nos quais a letra **x** tem som de **ch**.

2 Copie somente as palavras nas quais o **x** tem som de **s**.

| enxada | explicar | exposição | peixe | explodir |
| xale | excursão | exclamar | táxi | exemplo |

_____

_____

3 Agora copie apenas as palavras em que o **x** tem som de **z**.

a) exame _____   e) exigir _____

b) peixe _____   f) xale _____

c) êxito _____   g) exercício _____

d) exemplo _____   h) exigente _____

4 Escreva palavras em que o **x** tem som de:

ch	s	z

5 Escreva o nome das imagens.

a) _____   d) _____

b) _____   e) _____

c) _____   f) _____

BRINCANDO COM A CRIATIVIDADE

Carta

Nesta unidade, você leu uma carta e uma notícia.

Imagine que você faz parte do projeto "Adote um vovô ou uma vovó". Nele, as crianças enviam cartas aos moradores de um asilo.

Planejar

1. Você vai escrever uma carta para um vovô ou uma vovó.
2. Como você vai iniciar a carta?
3. Que assunto você gostaria de conversar?
4. Como vai se despedir e encerrar a carta?

Produzir

1. Use o espaço abaixo e o da página seguinte para escrever a carta que você planejou.

Reler, revisar e editar

1. Leia sua carta para um colega e mostre-a também ao professor.
2. Faça as correções necessárias para melhorar o texto.

Compartilhar

1. As cartas podem ser lidas para os colegas da turma, mas seria mais interessante se vocês conseguissem enviá-las para seus vovôs ou vovós ou se corresponderem com os idosos de um asilo da região onde moram.

_____
_____
_____
_____
_____

TEXTO 1

Pelo título, ficamos sabendo que algo diferente vai acontecer na história. O que é?

O patinho que não aprendeu a voar

Taco era um patinho. Era amarelo e fofo como todos os patinhos quando acabam de sair do ovo. Mamãe pata olhava feliz para Taco e seus nove irmãozinhos.

Papai pato conversava com os animais e dizia, **orgulhoso**, que seus filhos haveriam de ser lindos **patos-selvagens**, capazes de voar muito longe, muito alto, livres...

Taco e os irmãozinhos aprenderam logo que a vida era uma gostosura.

GLOSSÁRIO

Orgulhoso: excessivamente vaidoso.
Pato-selvagem: pato da selva, da mata, que não está domesticado.

Brincavam o dia inteiro, fazendo uma enorme gritaria, com toda a criançada da vizinhança: os sabiás, os beija-flores, os coelhinhos.

Tudo era só brincadeira até que o pai chamou todos os patinhos e, com ar muito sério, disse:

– Chegou a hora de começar o treinamento para a liberdade.

Taco perguntou logo se liberdade era coisa de comer, se era doce ou azedo. Nenhum patinho tinha ouvido esta palavra antes.

Papai pato deu uma risadinha e disse:

– Não, não é nada disto. Liberdade é poder fazer aquilo que a gente quer muito, muito mesmo. [...]

Rubem Alves. *O patinho que não aprendeu a voar.* São Paulo: Paulus, 1987.

BRINCANDO COM O TEXTO

1 Quem era Taco?

_____

2 Como era Taco?

_____

3 Pinte a quantidade de irmãozinhos de Taco.

4 O que Taco e os irmãozinhos aprenderam logo?

_____

5 O que Taco e seus irmãozinhos faziam o dia inteiro?

_____

6 Faça um **X** nos vizinhos de Taco.

7 Papai pato chamou os patinhos para começar o treinamento para a liberdade. O que isso significa?

_____

8 Taco sabia o que era liberdade? Por quê?

_____

_____

9 Responda oralmente:
   a) Segundo o pai de Taco, o que é liberdade?
   b) E para você, o que é?

ATIVIDADES

1 Complete as palavras com a letra **r**.

a) pe ___ uca

b) pe ___ igo

c) ba ___ ata

d) penei ___ a

e) jaca ___ é

f) fe ___ iado

g) pa ___ ede

h) xe ___ eta

i) fa ___ ofa

2 Reescreva as frases substituindo as imagens pelo nome.

a) O  gosta de .

_____

b) A e a são insetos.

_____

c) Adoro comer e  .

_____

3 Circule os substantivos comuns e sublinhe os substantivos próprios.

limão	Miguel	planeta
Ziraldo	lama	Mossoró
cavalo	Brasília	QUADRA
MARGARETE	BORRACHA	OSCAR

GRAMÁTICA

Verbo

Leia as frases abaixo.

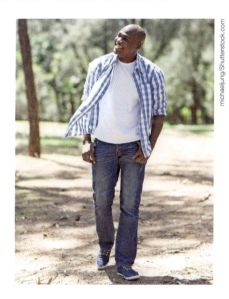

O homem **caminha**.   A menina **estuda**.

Agora preste atenção:

- O que o homem faz? Caminha.
  Caminhar é o que o homem faz. É a ação dele.
- O que a menina faz? Estuda.
  Estudar é o que a menina faz. É a ação dela.

As palavras **caminha** e **estuda** indicam ações realizadas pelo homem e pela menina. Essas palavras são **verbos**.

Ação é a palavra que informa o que a pessoa, o animal ou o objeto fazem.

Para indicar a ação, usamos **verbos**.

Outros exemplos:

O bailarino **dança**.   Os acrobatas **saltam** no ar.
O pássaro **voa**.   Eu **estudo** bastante.

ATIVIDADES

1 Assinale abaixo apenas os verbos.

- ☐ pular
- ☐ alfinete
- ☐ gaveta
- ☐ vender
- ☐ cansado
- ☐ xadrez
- ☐ bonito
- ☐ sorrir
- ☐ gentil
- ☐ partir
- ☐ prego
- ☐ beber
- ☐ alegre
- ☐ garoto
- ☐ hotel

2 Observe as imagens e escreva a ação representada em cada uma.

a)

_____

b)

_____

c)

_____

d)

_____

e)

_____

f)

_____

3 Complete as frases com os verbos adequados do quadro.

- dirige
- come
- joga
- trata
- toca

a) O jogador de futebol _____ no time.

b) A médica _____ os pacientes no hospital.

c) O motorista _____ o ônibus escolar.

d) O pianista _____ na orquestra da cidade.

e) O boi _____ no pasto da fazenda.

4 Faça como no exemplo.

O balão sobe.

a)

c)

_____

_____

b)

d)

_____

_____

 **BRINCANDO**

1 Que tal confeccionar um pintinho de papel?

Material:
- caixa de ovos;
- tinta guache amarela;
- pedaço de papel amarelo;
- pedaço de papel laranja ou outra cor que não seja amarela;
- cola;
- fita-crepe;
- caneta preta.

Como fazer

1. Recorte dois "gomos" da caixa de ovos e una as duas partes com fita-crepe.

2. Pinte as caixinhas.

3. No papel laranja (ou de outra cor) desenhe o bico e as asas do pintinho. No papel amarelo, desenhe as asas dele.

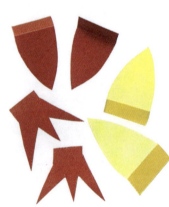

4. Recorte e cole o bico, as asas e as patas.

5. Com a caneta preta, desenhe os olhos do pintinho. Está pronto!

PEQUENO CIDADÃO

Leitura em *sites*

A maioria dos textos que você leu até hoje nesta coleção foi retirada de outros livros.

Mas você sabia que muitos textos são escritos e publicados somente em *sites*?

Sites são endereços da internet nos quais podemos acessar uma série de informações e conteúdos variados, dentre eles poemas, histórias em quadrinhos, contos, receitas, notícias e dicionários.

Veja a tirinha abaixo. Ela foi criada pela desenhista brasileira Clara Gomes e publicada no *site* da própria artista.

Clara Gomes – www.bichinhosdejardim.com

1 Você já usou a internet para pesquisar e ler algum texto? Como foi essa experiência?

2 Para procurar textos na internet e lê-los, é necessário o acompanhamento de um adulto responsável. Quando você deseja utilizar a internet, quem acompanha você?

3 A pessoa que ajuda você explica quais textos são indicados para sua idade e orienta onde encontrá-los? Converse com os colegas sobre esse assunto.

1 Encontre as sete diferenças entre as duas imagens.

2 Resolva o enigma e descubra a frase.

(tatu) -atu + (saco) -s + e os + ir+ (mãos) + gostavam de + (menina) + o dia inteiro com os + (vaso) -aso + izinhos.

___
___
___

ORALIDADE

Contar a continuação de uma história

1 Relembre o título do texto que você leu no início da unidade e o registre abaixo.

___
___

2 De acordo com o título do texto, o que você imagina que acontecerá na história?

___
___
___

3 Use a criatividade para continuar contando a história oralmente para os colegas e o professor.

 **TEXTO 2**

Ao ler o título do texto e observar a ilustração, é possível imaginar quem deve estar procurando a mamãe?

Leia com os colegas o texto a seguir.

Onde está a mamãe?

Esta história começou no dia em que o papai trouxe para casa seis ovos de pata grandes e bonitos.

Paulinho colocou-os no ninho e a galinha ruiva assentou-se sobre eles, aquecendo-os.

Os dias foram passando, passando...

Quando os patinhos estavam começando a bicar as cascas para sair dos ovos...

– Coró... coró... coró...

A galinha fugiu do ninho, espantada por um gavião.

Paulinho ouviu o barulho e correu para ver o que estava acontecendo. Ele chegou mesmo na horinha! Um patinho havia acabado de sair da casca do ovo!

Claudia Valente

Depois saiu o segundo patinho, depois o terceiro, depois o quarto, depois o quinto e, finalmente, o sexto patinho saiu da casca do ovo.

Que patinhos bonitos!

Como andam depressa!

Como estavam famintos!

Paulinho deu comida e água para eles.

Os seis patinhos comeram e beberam.

Eles pensaram assim:

"Este menino deve ser nossa mãe. Ele nos deu comida e bebida. É isso mesmo. Ele é a nossa mãezinha."

Então, os patinhos começaram a seguir Paulinho por toda parte.

[...]

Therezinha Casasanta. *Onde está a mamãe?* São Paulo: Editora do Brasil, 2009. p. 4-14.

1 Circule a quantidade de ovos que o pai de Paulinho encontrou.

2 Como eram os ovos?

_____

3 Quem chocou os ovos?

☐ Uma galinha.   ☐ Uma coruja.   ☐ Uma águia.

4 O que significa "Coró... coró... coró..."?
_____

5 Como eram os patinhos que saíram da casca dos ovos?
_____
_____

6 Por que os patinhos pensaram que Paulinho era a mãe deles?
_____
_____

7 Por que os patinhos iam atrás de Paulinho?
_____
_____

8 Além da galinha, que outras aves são mencionadas no texto?
_____

9 Marque um **X** nas imagens dos animais que também são aves.

10 Em sua opinião, Paulinho poderia ser mãe dos patinhos? Por quê?

GRAMÁTICA

Verbo: tempos verbais

Observe as imagens e leia as frases.

Liriana **viajou** no ano passado.

Liriana **almoça** ao meio-dia.

Liriana **irá** à festa amanhã.

As palavras destacadas nas frases que acompanham as imagens são verbos. Os verbos podem estar no tempo **passado**, **presente** ou **futuro**.

Veja:

- Liriana **viajou** no ano passado. (O verbo está no passado, pois a ação já aconteceu.)

- Liriana **almoça** ao meio-dia. (O verbo está no presente, pois a ação acontece naquele momento.)

- Liriana **irá** à festa amanhã. (O verbo está no futuro, pois a ação ainda acontecerá.)

Outros exemplos:

- Dênis **trabalhou** ontem. (passado)
- Eu **ouço** música e **vejo** televisão. (presente)
- No próximo mês, **acamparemos** com Manuela. (futuro)

ATIVIDADES

1 Use as letras para indicar se o verbo das frases está no passado, presente ou futuro.

A Passado   B Presente   C Futuro

☐ André **anda** de patins nos fins de semana.

☐ Nosso professor **falará** sobre um novo tema.

☐ Eles **adoraram** conhecer os animais da fazenda.

2 Faça como no modelo.

aluga → alugar

a) ama _____   d) empina _____

b) vende _____   e) bebe _____

c) costura _____ f) divide _____

3 Reescreva as frases no presente, como o modelo.

Danilo brincou → Danilo brinca.

a) O viajante levou a mala.
_____

b) Marcos comprou a camisa.
_____

4 Agora reescreva as frases no passado. Veja o modelo.

> O gato bebe a água. → O gato bebeu a água.

a) Vânia dança a valsa.
_____

b) José come o pudim.
_____

c) O atleta corre muito.
_____

d) Papai parte o bolo.
_____

5 Agora reescreva as frases no futuro. Veja o modelo.

> Eu pego a bolsa. → Eu pegarei a bolsa.

a) Eu vendo o livro.
_____

b) Você lava a roupa.
_____

c) Eles bebem o leite.
_____

d) Nós dividimos o lanche.
_____

e) Eu tenho um patinete.
_____

BRINCANDO

1 Pinte os espaços com ponto e descubra as imagens escondidas.

Unidade 1 – página 13

Unidade 3 – página 43

Unidade 7 – página 96